好運的泉源 把人做好

老子道德經講義（道篇）

救世主王慈愛　推薦序

新宇宙神權　開示

雲深法明（俗家名王麻霖）編著

目錄CONTENTS

救世主王慈愛的相關開示

2021

3月31日（三） 講記緣起	公主開示雲深：「出家人，靠自己，講述道德經，並要求自己，身體力行，必能在修行領域佔一席之地。」 請示公主：是否將來能寫「藥師佛指示？」公主：「新宇宙神權的開示。」 公主傳達給世人： ‧靠自己努力，成果會豐碩及踏實。 ‧募款者，要還的，若付出的功德量，不足以抵消捐款者的業力，連累世修為，都會，吐出來賠的。 地球人的迷失，以為，不用還，所以，募款過度，導致，各宗教及慈善機構，均是，業力，大於功德力。這是，為什麼，做善事，起不了作用的主因。 請ＯＯＯ在宗教，把這些，傳遞出去，能救多少人，就多少，隨順因緣。

1月9日 救世主開示	《修行人的導航》，頁37 昨示：「現在經已經沒有功效，只剩咒，可以念六字大明咒。」能不能恭請公主為我們開示這段因緣，之前聽轉述，她說公主曾開示：「現在已剩聖經和道德經有用」，反而我們佛經失去了功效。這個「失去功效」我們該如何理解？是指「佛經裡頭的教化功能還存在，但不再能啟動宇宙能量了嗎？」 又，一般佛教徒認為：佛是最尊貴的，佛經也是眾多宗教當中最殊越的，何以如今反而是聖經和道德經有效。 此外，公主曾開示要我將來有因緣講《道德經》，想必老子（老聃）這個人的來歷也是很不凡的，是否能為弟子開示老聃這個人的真正來歷。

	★公主開示： 「聖經，道德經，都在講做人的道理，所以保留，而佛經須有法身佛名做主，才有用，但現在高法身，法身的制度，已經廢除了，真修實行的肉身，才能行使該位階的法力。不用在乎，老子的來歷，只是神權的轉世之一，真理，誰來講都一樣，只有人事物的不同。」
1月13日 救世主開示	《道德經》第一篇說「道可道，非常道；名可名，非常名。」叩請公主為我們開示「道」的真正意義，以及何謂「德」。 ★公主開示： 道指規律，宇宙運行的規律，順道走，順天者昌，逆道走，逆天者亡。新宇宙神權，帶領地球一切眾生，往太平盛世的方向走。
2月11日 正式整理	陸續收羅資料，也整理一些看法，拖了將近一年，終於開始正式整理。）

6/22（三）	救世主王慈愛開示： 有開天眼的修行人，說，以前找他看未來的人，都可以看到未來幾世。 但，最近，找他看的人，很多，都是空白。沒有未來世了。這可以說明，有很多人，使用法術傷人，掌控人，或惡意傷人，已經耗盡轉世空間。 我查詢：此書是地球神尊，共同認證，借由道德經，加上詮釋，導引地球人。
6/24（五）	救世主王慈愛開示： 示現給我看的場景，應是藥師佛居士林道場應世間人。 千古難得一遇的，封神榜，結算功績的系統，新宇宙神權，安置於藥師佛居士林道場。 大家的努力，善人的團結，希望地球人能遠離末日危機。
6/25（六）	救世主王慈愛開示： 現在地球處於淘汰，淨化期。 上看下，一目了然。 下看上，茫茫然。

6/25（六）	瞋心，狂心，是修行人，最難突破的關卡。
	一切隨緣，面對地球的修行人。
	我的使命已經完成，神權的改朝換代，地球的神尊，釋迦牟尼佛，彌勒佛已經接手管理地球神權。至於，地球人會如何？就各隨因緣。
	舍利子的增生與否，和能否增加功德量，息息相關。
	愈想要，越得不到，是法要。
7/3（日）	救世主王慈愛開示
	三維，振動頻率在4至7赫茲。
	悲觀，恐懼，仇恨，負能量的情緒，就容易困在三維。
	五維，振動頻率最低40赫茲，最高100赫茲。
	正能量，慈悲，愛，和平，感恩的情緒，就能相應。
	地球在2020年12月21日，已經全面揚升至五維空間。
	心境揚升，才能和五維相應，才能不被淘汰。

7/25（一）	向地球人說明大局：
	一、神權已經渡過末劫，改朝換代2018年，已經全面完成，而地球也在2012年，第四文明結束，在2013年進入第五文明，依據地球的歷史紀錄，每一次文明的結束，地表均是無一生靈，地球神尊的助戰，讓我們在2013年元月三日，順利完成彌勒淨土的功德量，暫時保住了地球。
	二、接下來是長達數年的神權改朝換代，新宇宙神權歷經層層眾神尊的努力，總算完成艱鉅的任務。人間的部分，地球神權選出新宇宙神權，第一任輪值佛，因大日如來的禮讓，由我師父釋迦牟尼佛，及我的弟子彌勒佛擔任，在2021年9月28日，我已經把管理地球的神權，交接給祂們。
	三、有國家的領導人，有夢想，希望統治地球人。

7/25（一）	我想說明，這個夢想的兌現，須由修行領域，神權的認證，才有機會達成。槍桿子，武器的使用，是無法兌現統治地球的。
	四、神權打天下給地球人坐，地球人，您可坐穩了，黃金千年，我已經在新宇宙神權買好單，若地球人，恣意使用法術，造大業耗盡黃金千年的功德量，可沒有輪值佛，能再幫地球人，在神權的領域，再次完成運行的功德量，我和地球的神尊，懸殊已經非常大，神權給我的時日無多，我的肉身一結束旅程，地球人，就必須靠自己，若輪值佛帶不動地球人，神權會站在觀望，反正對神權而言，又沒差，只是慢幾年兌現太平盛世，已和地球母親溝通過，地球回答：不管幾億年，地球都願意等。

五、地球人的迷失，以為造業不用還。

真相是，要還的，舊宇宙神權，就是使用法術，業力連天，敗光治理權力的。使用法術掌控人，害人，會迅速耗盡個人的1、累世修為，2、福報，3、轉世空間，4、陽壽。逐一耗盡，就沒了，您的選擇，神權都尊重。

六、神靈使用法術，直到業力爆表，直接消失，祂所遺留的財產，全部歸新宇宙神權的公庫，神權如此，人間也如此，人死又帶不走錢財，權力。

惟一能帶走的是修行領域的成就。

七、神權，希望，地球各國的主權爭議，以2013年，地球進入第五文明為依據，別再吵了，恩怨留給歷史，都過去了。

八、神權，附予權力給各國的人民，人民有權，可以選出自己的領導人。

九、各個宗教都同源，您們所信仰的神尊，大都已經陸續轉世在人間，例如，耶蘇基督，聖母瑪麗亞，道教的關聖帝君，張天師，佛教的釋迦牟尼佛，彌勒佛，達摩祖師等。

新宇宙神權，環環相扣，乃盡權力，盡責任的保護著地球一切眾生，把人做好，真心善，您所信仰的神，仍持續保佑着大家，希望地球人，能和外星同步運行新宇宙。

PS.請地球人，千萬不要發動核戰，不要讓外星，有接管地球的藉口。

十、地球的神尊，應戰來訪的光，神靈，已經相當的不容易。

十一、我不希望地球被強佔，神權會捍衛到底，我希望，您轉世來地球，因為，惟有如此，您才會和我一樣，用生命守護地球，捍衛地球。

十二、看我們地球人，能否團結，一同創造奇蹟，在2012年12月31日，第四文明的結束日。在2013年元月三日，已進入第五文明，能持續順利運行，在神權渡過末劫之後，所帶來的大平安，持續享有這殊勝美好的日子，只要我們地球人，夠團結，互利共生，守護地球，人人有責。

| 7/25（一） | 十三、我是地球人，也是台灣人，帶領神權
　　　另起爐灶，改朝換代已經成功。
　　　看我是要帶地球人，走到榮光。
　　　還是，地球人，要讓我在神權，顏面
　　　無光？
十四、雖然是不同階層的神尊，但不管是舊
　　　宇宙神權，或是新宇宙神權，都一直
　　　盡責的守護地球，在2013年俄羅斯
　　　上空的殞石被先擊穿，仍至2016年，
　　　科學家早有預言的災難，及2020年，
　　　美國紐約上空，日本東京，中國青海
　　　等，神尊都默默的守護地球一切眾
　　　生。

這是我要對地球人，說明的。 |

推薦序：來自救世主的重要提醒

　　修行人的恣意惡念傷人，或是使用法術，傷人，轉人壽命等，一切法術。

　　修行人，您已經在耗盡：

1. 累世修為
2. 福報
3. 轉世空間
4. 陽壽

　　您的選擇，新宇宙神權，都尊重。神權已經整頓完成，就剩人間了，善有善報，惡有惡報，神權一定執法。都是自己做的，行善必有好報，行惡必有惡報……神權只是公正的執法。

2022年6月20日

藥師佛居士林道場展出

一、舍利子

　　佛舍利能神變示現，孳生不息。

　　佛的舍利是智慧、功德、神力的表徵。

　　《金光明經捨身品》云：「舍利是戒定慧所薰修，甚難可得、最上福田。」

　　舍利子的有無，似乎成了修行得力與否的驗證。

二、優曇婆羅花：佛花兆祥瑞 聖王救世來

　　三千年一開，根據佛經記載意為靈瑞花、空起花。

　　佛經記載轉輪聖王駐世，傳法度人。（此花開時）

　　據佛典《法華文句》四上記載「優曇花者，此言靈瑞。三千年一現，現則金輪王出。」

　　「世間無此花。若如來下生，金輪王出現世間，以大福德力故，感得此花出現。」

自序：彈性的心靈

有時覺得我們人類很有趣。

今天，多數學佛的人，一提到「神、靈魂」等詞，就很容易用「外道」這個詞來形容。好像「神／仙」這些詞，就一定是「次一等」。宇宙間，的確是有所謂的「位階層次的差異」沒錯。但，筆者在這裡想討論的是「我們人類對於詞語的嚴重分別與執著」。就好像「佛」與「仙」哪個層次高，我們一般的理解是：「佛」的修為層次高。說實在話，這樣的理解，也不能說它「錯」。但是，想問的是「只能這樣理解嗎？」

我們看到釋迦牟尼佛的略教誡偈裡，記載著「善護於口言，自淨其志意，身莫作諸惡，此三業道淨，能得如是行，是大仙人道。」

這裡所謂的「大仙人」，說的其實就是「佛」。

筆者想表達的是：有很多事情，不是我們認為怎麼樣，就一定只能是那樣。有很多時候，我們拿著「一套理解事物的標準」去衡量「所有的事物或現象」，這樣是很容易有失偏頗的。這有點像，我們自己劃了一個框框，不斷地堅固它，從此便認為「世界」只能在自己劃下的這框框裡頭發展，不容得有一丁點的「溢出」。然而，緊接可問的是，「框框裡頭就是世界的真實狀態或樣貌嗎？」

　　同樣地，回到「佛」與「仙」這個問題，我們「若是認定」：佛比仙的層次高，並且把這「視作一個不可摧破的概念」。那麼，我們又如何看待「大仙人」這個詞，其實也可以用來稱呼「佛」？於此，可反思的是「如果我們一直用僵化的視角看世界，那我們如何從文字障、所知障、法執當中，出脫呢？」

　　那麼，既然可以用「大仙人」形容「佛」，
　　那能不能用「神」這個詞來形容？
　　能不能用「高層次的存有」來形容？
　　或者，能不能用「高維度的存在」來形容？

　　在這裡，不是要和大家玩文字遊戲，而意在表達——

我們在「探索／復返／回歸／親近」世界真實樣貌時，是不是能「用一種更為彈性的態度」去觀看，然後再去仔細地觀察驗証。在未能真正理解之前，不用貿然相信，但也毋須急著加以否定。

為什麼先和大家提這一段？

因為，本書是「新宇宙神權開示」要進行編纂的。我想，會有一些人會不認同「神權」這個詞。（應該「只有一些」吧，無奈地笑～）。應該會有一些佛教徒一聽到「神權」就直接聯想到「附佛外道」，但您都還不了解本書內容，怎麼這麼輕易就以「外道」來形容。

談到「外道」這個詞，其實，現在有點被誤用、濫用，好像有點「非我宗教，就是外道」的感覺。然而，這與「非我族類，即是異類」的思維有何區異呢？

何謂「外道」？──心外求法，即是外道。

所以，不是說「我是佛教徒，你們不是，所以你們是外道。」不是這樣子的。哪怕，我們誦經、持咒、行作

一般人認為的「佛事」，然而，卻「不在心地上，下工夫」，實在說來，這些也還是「外道（心外求法）」。一旦，能用佛法來檢視自己的心念，這樣才不至落在「心外求法」的範疇當中。因此，「是不是外道？」不能單以宗教來作判別，而要以心來論。

何謂「在心地上，下工夫」？其實就是「能用佛法來檢視自己的心念，然後去調整、提升觀看的視角。」

再說得明白些，不論您是哪一個宗教，或有宗教信仰，或沒宗教信仰，**您在所信奉的這個信仰裡頭，有沒有藉著這個「信仰」而讓自己的心靈層次有所提升？這個，才是重點。**

今天，《佛經》也好，《道德經》、《聖經》也好，我們是否從這當中找到／發現「聖人們所要傳遞給我們的宇宙真理」？我們是想藉這些聖賢之言，探尋出宇宙真理，進而讓人生有個依循，能夠因此完滿此生，沒有白來。還是只是趕潮流似地，好像人家能隨口講個幾句經典裡的句子，所以我們也得來學個幾句？好來顯示自己有學問、有讀書。修行，是這樣子的嗎？所以，重點不在於：

能不能出口說出經典中的句子，重點在於：能不能將所習得的觀念「落實心性」。

說「落實心性」，可能有些人不好理解，其實就是，能不能將這些「正向，有助解脫苦惱」乃至「協助我們看清人生道路」等的觀念，圓融地運用於生活當中，善用它們來提升自己的心靈層次。

譬如，「不計較」，我們可能聽到一句讓我們不舒心的話，就記在心裡好多天，甚至好多年。譬如，「說要跟冤親債主解冤釋結，永不糾葛」，但日常生活中，卻老是要製造冤親債主。譬如說，「要謙虛，不傲慢」，但會不會我們在言行舉止當中，不經意地展現自己的慢心而不自知？早年，救世主曾開示：買東西，鈔票往桌上一丟，都是傲慢。您看，真修行人是這樣，不是跟我們高談闊論，而是在日用生活中，檢視自己的心念，哪怕是一個「看似不起眼的、拿鈔票給人的動作」，都可以用以檢視己心。修心在哪裡修？就是在這裡修。然而，今天若跟我們提醒說：「這個丟鈔票給人的動作，其實不禮貌，裡面有傲慢的成份在。」請問：我們有雅量容受這樣的提醒嗎？未必喔。

現代，我們一些想修行的修行人，想要去造訪明師、明眼人、上師、過來人……，想求師指點迷津。但，旁人跟我們提醒的話語，我們都未必能接受，倘若真正遇到善知識在指點我們誤區、盲點時，我們有那份胸襟、雅量去虛心接受嗎？善知識在指點時，很可能就是一句很簡單的話語，可能簡單到讓你覺得「這我老早就聽過了」。發現：好像有一部分的修行人有這樣子的傾向──總覺得要講得深一點，最好不是輕易聽得懂的，這樣比較有高深莫測，比較有「在修行的Fu」。

　　救世主曾開示「佛法很簡單」，「佛法在於心，不在於支支節節」。大道至簡，不需要把它複雜化，雖然有些時候，可能會因時制宜，而在言詮中加以說明，但其本質／基礎概念是「簡明的」，《道德經》也是如此。

　　上星期五，有個人剛好提到他對《道德經》的看法。他說：「《道德經》只有少數人能做得到。」

　　是嗎？他的這個看法，恰恰好顯示「多數人對《道德經》的誤解」。

　　《道德經》是在講「做人的道理」，這是大家都可以實踐的，而不是在叫我們練氣或談玄。練氣或談玄，調勻氣息，雖然有助心情穩定，但與「修心」（心靈層次的提升與否）沒有絕對的關係。而談玄，人們若聽不懂，不能理解，那有說跟沒說，沒啥兩樣。因此，但若把《道德經》定位在「它是在揭示『做人的道理』的書」，那麼，我們大家都可以來理解看看，也都可以嘗試著去實踐看看，又怎麼會是「只有少數人能做得到」的呢？

　　因此，總結這篇序，就是兩個重點：

1. 「新宇宙神權」：這個詞無關宗教，請各方宗教人士，能儘量去理解它的內涵。它的內涵就是——宇宙間，有各個階層的管理團隊，而這管理團隊統稱為「新宇宙神權」。地球，也有地球的神權，而由地球的輪值佛管理地球的神權。

2. 《道德經》是在講「做人的道理」。什麼是「做人的道理」呢？能符合「宇宙運行的規則」就是「做人的道理」。

2022年6月21日

雲深法明分享：覓見真愛

「真心、真愛、真性情、真修實練」是下永恆新宇宙的精神。

我得知這幾項是下永恆新宇宙的精神之後，也將這幾項列入自己努力的目標。隨著年歲的推移，我愈發愈覺得，「讀書與修行可能有些關係，但卻沒有必然的關係」。

說老實話，在處理這本書出版事務的前一陣子，我剛好遇到一位「知己麻吉」跟我「斷交」。一開始很難以接受，但幸好回想起救世主教導的幾個心法，所以能比較快從那樣的處境走出來。這幾個心法包括「感恩到底，什麼都過了」，「真心、真愛、真性情」、「不計較」、「凡事內省」、「好聚好散」以及「我們本來就什麼都沒有」等。

可能您們會覺得，「這些『心法』平常也聽得到，

有什麼特別？」但對我來說，卻是很珍貴且實用的心法。因為：第一，這是救世主的開示句。您們若能體認到其珍貴，便能珍惜、尊重，便能從中獲益。不然，對您們而言，可能就成為了一般且不起眼的句子。第二，雖然看似簡單但很實用。

其實，修行本就不複雜，看似簡單嗎？境界來時，看我們做得到做不到。「不計較」三個字，簡單嗎？如果您遇到「被您視為知己的人」，因為您的幾句話，就跟您翻臉不認人，您好意要去和解，對方卻給您一次次冷峻的面容、苛刻的言語，把您拒之門外，連溝通都不想和您溝通。請問，您是否能不計較？

我遇到了，著實不好受，有時我在想：「是有什麼深仇大恨，要用成這樣子？」其實，對我來說，事情過了，好好冷靜下來，彼此聊一聊也就過了，哪有這麼嚴重。另，從旁得知：這位道友「認為我外道思想很重」，不想被我「染污」。但由於對方目前不願和我溝通，所以我也難確知他與我「斷交的實際原因」。然而，這位道友堅決要斷絕這份情誼，沒辦法，每個人的處事模式不同，遇到對方如此，我也只好認了。我自己也有許多習氣和毛病，

或許，從他的視角來觀看，會是另一番想法也說不定。

只是，「惜緣智慧進」，為了一些小事故，就要斷開彼此情義，好像也沒有必要如此，應該是有更和諧、圓融的方式才是。還是期許有個好的收束，祝福這位道友也能早日想通。

不論如何，遇到也遇到了，只能說，幸好有救世主教導的心法，不然，按照我過去的習氣，可能要和他結怨了。而這次，也因為，抱持著「不想和他計較」、「好聚好散」的原則，我反而在這次經歷裡，找到了「真愛」。

以往，我們一般人，一談到真愛，就直接聯想到愛情，其實不是這樣的。親子之間、知己之間，夫妻之間……都可能有真愛的存在。以往，我一直在尋求「所謂的真愛」。

「到底什麼是真愛呢？」這個問題對我而言，就類似「到底什麼是開悟呢？」也就是，一個詞語，譬如「真愛」、譬如「覺悟、智慧、放鬆……」這些「形容詞」究竟是什麼樣的狀態，其實我們都在揣摩著。例如，我們生

活過得很緊繃，或者心理很緊繃，人家跟我們說要放鬆，但放鬆是什麼狀態，我們未必能夠（如實）了知。其實很多「詞彙（編者稱之為「形容詞」）」只有真正處於那個狀態，才能夠知曉。

而透過最近的體會，想和大家分享的是：「原來，真愛就在我們的心，不待外求。」這有點像惠能法師說的「何期自性，本自具足。」當然，我沒有惠能法師那樣的程度，這樣放在一起來說，顯得高攀了。

不過，還是與大家分享一下個人內心的轉折，或許有助於大家也有機緣去體會「何謂真愛」。

遇到這起事件後的幾天，心情相當鬱悶。然而，想起救世主曾開示的心法，所以選擇隱忍下來，不想計較。雖說不想計較，但心裡是難受的，畢竟我還是一位凡夫。但幸好，有這些珍貴的渡心之法，所以還不至於與對方結怨。

悶了幾天，幸好遇到一位陳老師，6月10日，她觀察了我與這位知己過去某一世的情形，細節在此就不談了。

原來，我過去某一世對他的態度就是如此。了解這因緣（因果）後，我稍微釋懷了一些。當天寫了一段文字：

很多時候，我們總以為，是人家對不起我們，對我們如何如何。
但其實，很多時候，是我們先對人家如何如何。
持續修改脾氣中⋯⋯

釋懷了些，但這也表示還未完全釋懷。不過，在那幾天，我有時仍對這位道友釋出善意，只是往往換來一張 1 號臉，和徒留尷尬的我。遭遇冷臉的次數多了，心裡也難免不舒服。幸好，仍選擇「不要和他結怨」，其實我心裡還是希望能和好／和解的。

「熬過苦惱，發現苦惱中的幸福——煩惱即菩提」
6月12日這天，好像領悟了什麼，感覺體會到了「真愛」。我想：一定是救世主默默地加被，我才有辦法領悟的吧。

這天得以發現（靠近）「真愛」。以往是向外尋，今天發現：原來「真愛」是在己心，是那個——「縱然人家

用一張不柔和的臉給我們，不想去計較，還希望對方好」
的美好心念。

　　以往，我們一般人，都容易認為「真愛是向外尋
的」。以愛情為喻，就好像童話故事、偶像戲劇般，好似
要找到一個「合適的另一半」就能從此幸福快樂。但，實
情往往不是如此，所謂的「合適的另一半」，其實還是會
有磨擦或見解觀念、生活習慣不同的地方。不光是愛情，
其實，親子、朋友知己、道友也都是如此，多多少少還是
會有磨擦。於其中，包容與諒解，惜緣、溝通就顯得相當
重要。

　　那麼，這次面對這位「知己道友」冷冽的態度和言
語，其實我是難過的。與其說是難過，或許更帶著一些感
慨，套句現代人的用語「怎麼友誼的小船說翻就翻？」這
份情誼／道義有這麼禁不起考驗嗎？而「這種冷冽的態度
和言語」哪怕是從旁人施加與我們，恐怕都不是件好受的
事情，更何況來自「麻吉知己」，這種衝擊與對比，是更
加強烈的。但就因為「珍惜這份情義」、「不想計較」的
心態，選擇忍耐了下來。

選擇不計較後，慢慢地發現，原來我是能有這種包容度的。過了幾天之後，我感覺「發現（親近）」真愛了，也就是6月12日這天。那時的感觸是這樣的：「原來，真愛就在我們的心，不待外求。以往，我們都覺得真愛往外尋，而今發現：「真愛是那個——『雖然對方用不妥的態度待我，還能選擇不計較，還希望對方好』的美好心念」

「多麼珍貴的一堂課！」。這是當時的感嘆。

救世主很慈悲地給予恭喜，並說：「ＯＯ真的懂了真愛，找到真愛，就是美好的人生。」

六祖惠能法師說：「何期自性，本自具足。」

此次，感恩救世主的引導和教誨，才讓雲深得以發現「**何期真愛，原在己心**」。原來，「真愛、慈悲、菩提心」亦復如是，「這些是內在本具，但會藉境而顯發。」就像「道—宇宙運行的規律」，無形無相，但卻顯發於森羅萬象當中。自性，無形無相，但應用無邊，果真是「納須彌於芥子」呀。

接著，我還想感恩我的師父。有了上述的體認後，我以為我OK了，但其實還有觀念上的盲點。

6月13日，我感到：「我何必覺得自己是一名受害者，這些也不過是『我過去世對他所做不當言語行為的反饋』。」這樣看起來，好像已經懂得反思自己了。但，修行（修心）就是這樣細微。

師父得知我這觀念後，特別提醒：「如果還抱持著一絲，他對不起我，如何如何，那就是還沒跳出這個因果業力。因為你打算不跟他計較，但還有盲點未想通透。所以，為師特來提醒。」

以上，是這個經驗中，我大致的心路歷程，提供給您們參考，希望您們也能藉此渡過您們的煩惱。所以，跳出這整個事件來看，雖然過程中，心裡有難受之處，但實際上卻也得以「領略了寶貴的見解」。因此，整個的經驗，對我個人而言，還是相當美好的。所以，這位道友哪天若想通了，願意來與雲深聊聊，其實對我而言，也還是好道友。「惜緣智慧進嘛，是不是。」平日都想和冤親債主解冤釋結了，何必又結此怨結呢。

至於，為什麼願意不計較？還有兩件很重要的經驗，也和大家分享。

第一，是救世主的大人大量。

有一段時間，我迷失了，我反過來傷害一路幫我的善知識，成了一位忘恩負義的人。但救世主竟然能不計較，還是一直給我機會，希望我發現自己的錯誤，而能改邪歸正。印象很深刻的是救世主的理念。祂是抱持著「這個世界，多一個好人，就多一分美好」的理念在行事。既然，我迷失，忘恩負義時，祂都還願意導正我。那我又何以不能原諒該位道友呢？何況是我過去世先負欠於他。

第二，是我的母親對子女的厚愛。

早年，我脾氣很火爆，有時脾氣一上來，不當的言語行為去傷了周遭的人。年少時，有一次，我的母親載我出門，她去處理事情，我一個人在車上等得不耐煩，她回來時，我又對她一個很不禮貌的態度。結果，她幫我帶了一杯木瓜牛奶。印象中，那時我望著母親擺在座椅上的木瓜牛奶，心中升起雜陳。

長大後，有一次我問母親，為什麼我對您態度這麼

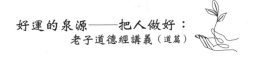

差，您還能不跟我計較？

她竟回道：「事情過了，我就忘了。」

其實，真的忘了嗎？可能無形之間，還是造成她的心理壓力。但她為什麼回說「事情過了，我就忘了。」細想起來，其實是「真愛」。因為，母親愛我們，所以她多半選擇把那些苦水往自己肚裡吞。當然，有時她也會忍不住斥責我們。但現在回想，自己那時真的是太年少輕狂了。世間人好像只云「人不輕狂枉少年」，殊不知往往是「老來方知悔當年」。

「母親，願意如此容受我的缺點。」這些經驗，也成了我願意包容他人的一個重要因素。很感恩，天地（宇宙）賜給我們一位這麼棒的母親。

這兩個經驗，也是個人在這起事件中，「願意不計較」的重要原因。救世主曾開示：「真心會贏」。我們都是修行人，我也希望，透過個人的真心，讓我這位「麻吉道友」也有機會體會到這些美好，然後他將來有機會，再把良善的經驗傳遞出去。雖然，我不知道他會怎麼解譯我

這些好意，但至少，在我用好意去面對這個人或這些事的時候，我能對得起自己。

如果，大家都用善意去待人處事，那麼地球人一定能順利進入美好的時代的。這即是救世主開示「大家的努力，善人的團結，希望地球人能遠離末日危機。」之用意。

可能您們會問：「你談這些跟《道德經》有什麼關係？」

救世主曾開示：「《道德經》是講做人的書。」

而上面「覓得真愛的經驗」既與「人」息息相關，同時「真愛」也是新宇宙裡的精神指標之一。修行也好，過生活也好，絕對不是拿著書本啃，看似「學了很多觀念、記誦了不少句子、理解了一些名言（詞語）」，然後，遇到人事物時，卻是脫序演出。如果是這樣，彷若也成了序文中所謂的「心外求法」了。

因此，「心法」不一定是很難理解，或很華美的句子。「心法」可能就是一句「不計較」、「不邀功」、

「不執著」，或一句「感恩到底，什麼都過了。」宇宙間的「心法、法要、真理」就是這樣地「簡單樸實」。

　　但重點是，遇到事時，我們能不能去練習把這些「看似簡單，卻極其實用的心法」給用上。能用上，就是心法——渡心之法；不會用，那句子是句子，與你我八竿子打不著。如不會用，記得再多，猶是「心外之法」。但，一個念頭轉過來，練習把它用上，那便轉為「渡心之法」。渡過後，也不要執著這些法，學習放下。但，放下歸放下，要用時，卻又能升起。真空妙有，妙有真空。如《金剛經》筏之喻：「汝等比丘，知我說法，如筏喻者，法尚應捨，何況非法。」

　　救世主王慈愛曾開示「『經』不是要求背，而是你做到沒，且適用當下，帶你走過關卡，如同船渡人，過即不背。」

　　「真心、真愛、真性情、真修實練」，「感恩、知足、和平」等是新宇宙的精神，也是我們努力的方向。祝福大家也都能夠「找到真愛」——找到內在那個美好的心，從而開展出幸福美好的人生。也祝福大家能在本書找

到對您「心境上、生活上、修養上、修行上」有所助益的觀念，而在心靈層次上，能夠向善、向上揚昇。

　　祝福地球一切安好
　　感恩救世主　感恩輪值佛　感恩地球神權　感恩新宇宙
感恩我的師長
　　Aal lzz well（一切都好）

　　（很感恩上述存有，也很感恩我這位同參知己願意改變。7月16日，兩人已算和解。沒有因先前的事件而結怨，真是太好了。

　　也祝福：諸世間人都能體會宇宙真理，個個之間，彼此都能「解冤釋結，永不糾葛」，不再造業，不再結怨，都朝向「落實心性／提升心靈層次」努力，而終能圓滿「阿耨多羅三藐三菩提」。）

2022年6月22日 雲深法明紀錄
7月17日 修訂

從三維到五維──佛法與現代概念的融通

2022年7月3日（日）救世主王慈愛開示

三維，振動頻率在4至7赫茲。

悲觀，恐懼，仇恨，負能量的情緒，就容易困在三維。

五維，振動頻率最低40赫茲，最高100赫茲。

　　地球，現階段，正處於揚升的階段。自2012年，馬雅曆法揭示人類第四文明的結束，而進入到人類第五文明。當然，在這當中，從2012年以至2022年這段時間，地球，乃至宇宙間，發生許多大事。關於這些細節，您們若想了解，可以閱讀《2019：預言到兌現》和《下永恆運行改朝換代的人生：新地球人文主義》這兩本書。

　　實在說，地球人類從第四文明進入第五文明，也不是這麼容易的。至今為止，仍有許多人質疑「2012是地球末日這一觀點」。實際上，當時地球的狀況的確是相當

危急，隨時都可能覆亡，也很可能與宇宙間其它星球一樣發生爆炸。也就是說，若能度過危機，就有機會進入新文明；若未能度過危機，那就可能發生星球爆炸，或者與過去姆大陸或亞特蘭提斯消失，或是人類遭遇大洪水，然後重新來過一樣。

也就是說，那段時期，對地球而言，是一個巨大的轉捩點。

當然，現在度過了2012，很多人覺得：「2012不就平安度過了嗎？末日之說一定是說說而已。」非也，非也。這在以前也做過譬喻了，就好像有一顆棒球朝您砸過來，您可能顧著滑手機而渾然不知，而在砸到您之前，有個人眼明手快，把這球攔截了。但您完全不知有這回事，然後人家跟您說：「剛剛有一顆棒球快砸到您了。」結果您回說：「哪有這回事，您胡謅的吧。」那麼，到底有沒有一顆棒球朝您砸來呀？是我們未能察覺？還是真沒有呢？當時的災難，就類似這顆棒球。

總之，現在，地球從三維要揚升到五維。目前有一些地球人知道這個現象或訊息，但我不知道其它地球人是

如何得知的。前陣子，我從一位同參那知道某位法師提到了地球揚升的情形，該位同參很不認同，他覺得那位法師觀念有問題。然而，就得知實情的我們來說，當時聽該位同參在敘述時，我心想：「奇怪，這位法師，是怎麼知道的呢？」但，也有點諷刺，得知實情的人，反而被不知情的人批評。就像剛剛那則棒球的譬喻：「到底是您未及時將您的資料庫updata？還是人家胡謅呢？」保持彈性的心靈，觀察，驗證吧。不用急著接受，也不用急著批評否定。有時，輕易地評論人家胡謅，講不定搞不清狀況的人是自己。

接著，我們簡單說明一下三維到五維。

「維度」跟「心靈層次」與「能量頻率」有關，而這三項互相關聯，而其中，又以「心靈層次」最為關鍵，而所謂的「修行、修心」，也就是在修習這個──即「提升心靈層次」。

我們雖然目前同在地球上，看似共處於一塊，然而彼此的維度已逐漸拉開，有些人逐漸揚升至五維，有些人還停留在三維，有些人仍在造著惡，不知道自己即將被淘

汰。救世主提示大家「好運的泉源——把人做好」，這不是隨便說說的。如果能「當個好人」，地球的善人團結起來，那麼，我們都有機會揚升到五維，共享黃金千年。而若仍選擇造惡，不願改頭換面、當個好人，而要當個惡人，那麼，到時被新宇宙給淘汰掉時，那真的是欲哭無淚。若被淘汰，那還有什麼好運可言。

救世主2022年6月20日開示，有不少「傷人的修行人」，已將其轉世空間都給用掉了。

三維，是稠密的物質界，基本上我們多數的地球人是被困鎖在這個三維物質界裡頭，包括我們所使用的這個身體，其實也是相當稠密的三維物質。

當然，四維就有些脫離三維的範疇，而五維就更不受三維的影響。

佛家有所謂的「分段生死」和「變異生死」之說。「分段生死」，就是從這一期的生命換到下一期，這就包含有「輪迴轉世」的概念在裡頭。譬如，這輩子是人，下輩子又依照因果、業力，又或臨終識因的力量，而投生到

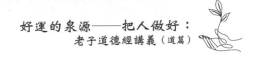

相應的「地方／狀態」去。

而「變異生死」則比較傾向於「內在精神／心靈層次的轉變」，也就是「觀看世界的『視角』向上提升」。於此，「每一個提升」，就彷彿是一次的「變異生死」──從舊有的觀念超脫，而能以「更『如實（合乎實情）』的視角進行觀察」。

◎「變異生死」與「維度揚升」的關聯性

那我們現在試著把這個「變異生死」與「維度揚升」的關聯性，向大家做一說明。

「心靈／精神維度的揚升」是比較接近現代人可以使用的語彙，其實它與「變異生死」可以做一連結。換句話說，從三維揚升到四維，可視之為一個「變異生死」；從四維再揚升到五維，可再視為一個「變異生死」。這裡的「變異生死」與「維度揚升」其實說的都是「心靈層次」的提升。

隨著心靈層次提升，累積了能量／功德量，頻率提

升後，維度就自然隨之提升。在這之中，「當個好人、讓自己成為一個善良的人」是很重要的基石。而「知足、感恩、真愛」也都是與「當個好人」相關的精神，這些「知足、感恩、真愛」的能量／頻率，高於「悲觀，恐懼，仇恨」等情緒。

而人們在揚升過程中，保持高維度的想法是很重要的。

人們在三維、四維、五維的想法之間，一開始可能會來來回回，並不穩定。曾看到一個視頻，談到了三種維度思維的不同，在這裡提供給大家做個參考。譬如在一個地方工作，或一個學院學習，不同維度的人，會傾向於不同的思維。

三維思維的人容易抱怨這個，抱怨那個，看什麼都不順心。

四維思維的人，會在當中找到一些正向的支持，例如覺得「對這份工作雖然還不是很滿意，但至少，目前它提供給我薪資，讓我有錢可以過活。」

　　而五維思維的人，則會從中找到可以學習或讓自己提升自己的契機。

　　所以，前頭雖說「不同維度的人，會傾向於不同的思維」。但換個角度，我們也可以說「不同的思維，會將自己帶向不同維度」。若用比較早期的語彙，即是「不同的心念，會將自己置於不同的心境」以前，所謂的「十法界，一念心」也是相通的意思。而「思維、心念」是自己選擇來的，如果能持恆地維持在「高維度的思維、觀看視角」，那麼，就能夠讓自己的維度向更高維度提升，現代有些人喜歡用「揚升」這個詞。其實，「提升」與「揚升」也是相通的意思。

　　因此，重點來了。

　　「練習檢視自己的思維、想法，看看是否合乎高維度的思維，然後讓自己安住於高維度」這即是關鍵。

　　那麼，為什麼在聖人所傳遞的宇宙真理當中，強調少欲知足呢？

剛才也向大家說明了，三維物質界是相當稠密的狀態，在這當中，有許多的限制，包括我們「原本具備的許多功能」都被這個物質身體給遮障／屏蔽住了。當然，有一些修行人，隨著他們恢復心地清淨的程度不同，有的人是能不被這身體給屏蔽。但，我們大部分的人們，心靈往往被物質界的現象牽動或擾亂，以至於我們難以超脫三維物質世界的束縛。而「少欲知足」有助於我們的心靈超脫三維世界的束縛，此即「少欲知足」在「修行領域」與「維度提升」當中的重要性。當然，過與不及都不好，還是要保持「中道」。中道，也是宇宙運行規律之一。

　　而我們地球人，現在所要做的，就是讓自己超越三維物質界的束縛，讓心靈層級／精神層次揚升到更高的維度。

　　根據救世主的開示，「地球在2020年12月21日，已經全面揚升至五維空間」。

　　請大家不要小看「地球從三維到五維」的這個揚升狀態。我們要知道，單單是一個人要從三維揚升到四維，都不見得是一件容易的事，古往今來，我們許多修行人，終其一生，都未必能從三維揚升至四維。何況此次是整體地

球頻率與能量的揚升，是整體地球從三維揚升至五維，這當中所需的能量／功德量是難以想像的。所以，相當感恩救世主、輪值佛與新宇宙神權，也感恩地球善人。

而重點是：地球整體維度揚升，而我們這些地球人是否也能「跟得上」。是否讓自己的心靈也趕緊跟上新宇宙的精神，以能相應於新維度，而不致遭到淘汰。這個很重要，這是個重大的轉捩點。而最基礎的工作：當個好人，成為一位善良的人。

◎如何揚升？──當個好人

把人做好，讓自己當個好人，成為一位善人，在這個揚升過程中，是相當重要的。請跟上這次「整體地球揚升至五維」的機緣。

救世主一再開示：「現在地球處於淘汰，淨化期。」

要跟上這班揚升飛船，然後享有美好的新世界；抑或選擇冥頑不靈、造惡傷人，然後被新宇宙淘汰，這兩個迥然不同的未來，都是由我們自行選擇。

救世主6月22日開示：「有開天眼的修行人，說，以前找他看未來的人，都可以看到未來幾世。但，最近，找他看的人，很多，都是空白。沒有未來世了。這可以說明，有很多人，使用法術傷人，掌控人，或惡意傷人，已經耗盡轉世空間。」

　　6月24日開示「大家的努力，善人的團結，希望地球人能遠離末日危機。」

　　6月25日開示「現在地球處於淘汰，淨化期。
上看下，一目了然。
下看上，茫茫然。
瞋心，狂心，是修行人，最難突破的關卡。
　　一切隨緣，面對地球的修行人。我的使命已經完成，神權的改朝換代，地球的神尊，釋迦牟尼佛，彌勒佛已經接手管理地球神權。至於，地球人會如何？就各隨因緣。」

　　依救世主的開示來看，地球人都還在末日的危機中。雖然，救世主為地球人拚來黃金千年，但地球善人能不能

相互團結？這些還在造惡傷人的人們「是否願意選擇放下惡念，當個好人，用善念來對待這個星球，然後讓自己有機會也享有美好的未來？」這些都還在影響著我們全體地球人的未來。因緣一直在變化，人心也一直在變化，人們的選擇也一直在變化。所以，未來會怎麼樣，筆者也不知曉。筆者只能依照現下所獲的訊息，整理給大家知曉。

2022年6月26日 雲深法明紀錄
7月17日 修訂

雲深法明書於2016年1月13日

救世主2022年6月26日下午5:55～06:05意訊

一切都在選擇，一切都在當下一念心。回心轉意就過了，選擇向善就過了，願意團結讓地球好就過了。

一切，都在你們的選擇。

對地球，我已經盡力，也已將神權的管理權交給我的師父釋迦牟尼佛，以及我的弟子彌勒佛，這兩尊，是新宇宙裡，地球第一任的輪值佛，接下來由他們來管理地球的神權。希望地球人好好珍惜，不要再把我們努力拚來的黃金千年給玩掉了。我的肉身已經千瘡百孔，神權給我的時間也已經相當有限。這點麻霖已經體會到，他已經感受「釋迦牟尼佛當時即將入滅時，弟子們知道佛即將離去時的不捨心情。」

請地球人，好好善待釋迦牟尼佛和彌勒佛，祂們會帶領你們進入黃金千年，很感恩地球，很感恩台灣，我在地球成就，我以地球為榮，地球也以我為榮。期許你們每一位修行人都能如此，不論你在出生在哪一個地區，都要讓那個地方能以你們為榮。而最好的方式，就是依道而行，依照宇宙運行的規律來做。在《修行人的導航》這本書裡，我已經將許多修行、修心的法要與你們分享，希望你們好好珍惜。

重要書目

1.王慈愛著：《2019：預言到兑現》，台中：白象文化，2021年5月初版。

2. 救世主王慈愛講述，雲深法明（俗家名王厤霖）編著：《修行人的導航》，台中：白象文化，2022年4月初版。

3. 明・憨山德清：《老子道德經憨山解／莊子內篇憨山註》，台北：新文豐出版股份有限公司，2015年三月再版。（1973年6月初版）

一、關於老子這個人

關於老子這個人，想引用「《修行人的導航》第37至38頁的第5點」作說明。

昨示：「現在經已經沒有功效，只剩咒，可以念六字大明咒。」能不能恭請公主為我們開示這段因緣，之前聽轉述，她說公主曾開示：「現在已剩聖經和道德經有用」，反而我們佛經失去了功效。這個「失去功效」我們該如何理解？是指「佛經裡頭的教化功能還存在，但不再能啟動宇宙能量了嗎？」又，一般佛教徒認為：佛是最尊貴的，佛經也是眾多宗教當中最殊越的，何以如今反而是聖經和道德經有效。此外，公主曾開示要我將來有因緣講《道德經》，想必老子（老聃）這個人的來歷也是很不凡的，是否能為弟子開示老聃這個人的真正來歷。

★ 公主開示：

　　「聖經，道德經，都在講做人的道理，所以保留，而佛經須有法身佛名做主，才有用，但現在高法身，法身的制度，已經廢除了，真修實行的肉身，才能行使該位階的法力。不用在乎，老子的來歷，只是神權的轉世之一，真理，誰來講都一樣，只有人事物的不同。」

　　關於老子這個人，當然，在人世間，他有他的名字、出生地、出生的時代背景、行跡……，若要以世間的考據，當然也可以加以考察相關資料。

　　譬如老子，老聃，楚國苦縣人，做過「國家圖書館館長」，看到周朝不行了，於是決定出走，在出函谷關之前，遇到關令尹喜。尹喜這位先生見到有紫氣東來，大概他心裡是這麼想：嗯，有一位了不得的人物要過關。而這人便是老子李聃。於是，尹喜請老子李聃留一些寶貴的人生智慧。老子便寫了五千餘言，後人則尊稱此五千餘言為《道德經》。……

當然，參閱或查閱相關的網路或書籍，都能夠梳理出關於老子這個人的一些資料，正如其它的歷史人物一樣。但，在《修行人的導航》中，關於老子的來歷，救世主回覆得是如此的簡單乾脆：**「不用在乎，老子的來歷，只是神權的轉世之一，真理，誰來講都一樣，只有人事物的不同。」**很有趣，這就是觀點的不同。

由於我們一般的世間人看不到全局，所以往往只能「以管窺天」；但人家看得見全局的人，便一眼看出重點，一語道破真象。這即是修行領域層次的不同，而由於修行領域層次的不同，也引發觀看視角的不同，乃至處理事務方法的不同。而「修行領域層次」，若要用比較古早的用語，即是「修為」。

所以，關於老子這個人。當然，以我們一般人而言，還是可以透由了解他在這人世間的「名字、出生地、出生的時代背景、行跡……」去認識這個人。因為，這是我們一般人在理解另一個人的方式。但是，我們也不妨參考「能縱觀全局者的視野、觀點」。

「不用在乎，老子的來歷，只是神權的轉世之一，真

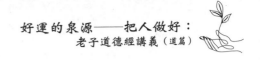

理，誰來講都一樣，只有人事物的不同。」

如此來觀看老子這個人，我們的觀看視角就顯得相當簡單，即：

「老子，李聃，是神權的轉世之一。而祂來地球，顯化在人世間，有祂的任務，這個任務就是傳遞真理。那至於『祂降生地球之後的名字、出生地、出生的時代背景、行跡……』都是『人事物的不同』。譬如：在《梵網經菩薩戒》中記錄釋迦牟尼佛「下生南閻浮提迦夷留國，母名摩耶，父字白淨，吾名悉達，七歲出家，三十成道」……諸位神權轉世／降生於世間時，必然各有祂們在人世間的行跡，各各不同。

另外，『人事物的不同』也指向這些神權轉世後，祂們所闡揚的真理，真理相同，但，其中所用來闡釋或舉例的內容也會由於『因應時宜』而有『人事物的不同』。然而，祂們的重點即是『傳遞真理』。」

而透由這樣子的觀看視角，我們避開了「理解老子這個人」的許多支支節節。當然，這不是說那些點滴與細節

不值得參考，而是說：「我們可以先抓到重點」，才不致於太過落於挖掘細節而忘卻了重心。

　　比如說，我們不會因此一直去考究這個人是生於哪一年，甚至是哪一天……。譬如關於釋迦牟尼佛的生日，查看了維基百科，寫著：「紀念的日期，在漢傳佛教和藏傳佛教一般訂為農曆四月初八。而在南傳佛教、藏傳佛教的一些地區，將佛陀誕生、出家、成道、涅槃於同一日紀念，稱衛塞節，日期訂為陽曆5月分的一個月圓之日（望日），常常是農曆的四月十五日。」其實，這就是因為無法考據出確切的日子，所以人們自行訂了一個日子以作紀念。當然，這樣的做法也不是不行，只是，站在「探索真理」的前提，若一直去研究、考據那些細節，對於「探索真理」而言，顯得沒有那麼必要。

　　所以，在這裡，就不再去爬梳老子在人世間的背景資料了，也依救世主的開示，不去追問祂的來歷。「老子，就是神權的轉世之一，祂是來傳遞真理的。」確立了這個立基點之後，同時也確立本書的重心，亦即「老子——這位來轉世的神權之一，究竟想傳遞什麼真理給地球人」。

二、本書宗旨及書名

　　剛剛也提到了「關於老子這個人」，也因此帶出了本書的重心，也就是宗旨，亦即「老子——這位來轉世的神權之一，究竟想傳遞什麼真理給地球人？」

　　救世主2022年1月9日開示：「聖經，道德經，都在講做人的道理。」救世主亦曾開示道：「把人做好」。

　　依現在個人的理解而言，這些為傳遞真理而轉世來地球的聖者，基本上有一個共同的用意，就是期許地球人「把人做好」。否則，何必傳遞真理給世人明瞭？用意還是希望人們能夠「了解真理、體悟真理、體證真理」，而這個過程我們也可以用「把人做好」、「當個好人、做一個善良的人」來作對照。

　　理解「聖經，道德經，都在講做人的道理」這個重點宗旨，之後再進入到《道德經》中，或許我們更能夠去認識到「透由老子李聃，宇宙要傳達給我們的真理。」

因此，採用救世主曾開示的「把人做好」作為本書的書名。

任何宗教，理應都一樣，應該是在幫助我們認識宇宙真象、理解宇宙間的真理。由救世主開示的**「真理，誰來講都一樣，只有人事物的不同。」**更能幫助我們確認此一觀點——我們只是透過「宗教」去認識宇宙真理。

而，「認識宇宙真理，進而把人做好，讓心靈的層次提升」這才是我們的目標，「宗教」只是一種門徑。反過來說，如果一個宗教，它不能幫助人們認識真理，或它在人為演化乃至於操作之下，遠離了「最初闡述者的用意」，偏離了「幫助人們了解真理，提升心靈」這個基本原則，那麼，這個「宗教」就會出現大問題。

因此，鼓勵讀者「不要把《道德經》當作宗教典籍，也無須當作學術研究」，它就是一部「闡釋宇宙真理，幫助我們把人做好」的智慧之言。把重點掌握後，有時大可不必過度去鑽研那些支節，這也不是說不能去研討，只是大可不必過度。

三、《道德經》講義

　　《道德經》，西漢以前只有《老子》這個「書名」，後人稱《道德經》，也有人稱之為《老子道德經》，其成書年代，其實並未真正確定。在此講本中，我們就用現代人習慣的《道德經》作稱呼。

　　《道德經》截至目前（2022年3月）有三個版本：

（一）傳世版道德經：

　　譬如河上公為《老子》作注，稱作《河上公章句》，也有稱《河上公老子注》，這是1973年以前，較早的本子。另外，也有晉代王弼的注解本。明代憨山法師的註解本。清代宋常星的註解本。近代也有許多哲人學者等加以作註。

　　《道德經》被分為上篇的「道經」有37章，與下篇的「德經」有44章，但這是後人所分的，原來並未有「道

經」或「德經」之說。而由於「道經」與「德經」，因而合稱為《道德經》。

（二）帛書道德經

1973年，長沙馬王堆漢墓，考古學家發現兩本以帛書寫成的《老子》，因此有人方便稱其為「帛書老子」甲本和乙本。據推測，甲本的抄寫時間在劉邦稱帝以前（西元前202年），乙本的抄寫時間，則在漢文帝登基（西元前150年）之前，距今為兩千多年前。[1]

比較特別的是，在「帛書老子」的甲本、乙本中，「德經」在前，「道經」在後，所以也有人用《德道經》來形容。

學海出版社有一本《老子帛書老子》[2]，裡面除了晉代王弼的註解之外，書中還附有帛書老子的甲本和乙本，有興趣的讀者，請自行參照。

1.原文網址：https://kknews.cc/culture/j6b8z8y.html

2.晉・王弼：《老子帛書老子》，台北市：學海出版社，1994年五月再版。

（三）楚簡道德經

然而，隨著考古的發現，亦可能有新資料的出現。

1993年湖北荊門博物館整理室，在郭店楚簡（郭店楚墓竹簡）中，發現了《老子道德經》的抄本，經過檢測，這些竹簡約為戰國中期。換句話說，老子道德經的成書年代，早於戰國中期，比帛書老子早了二百多年。

馬王堆的「帛書老子」與郭店楚簡的「竹簡老子」的出土，除了對於《道德經》的「成書時間的推定」有所影響之外，對於「道德經一書的文字」也有所影響，也就是「《老子道德經》的各個文本（text）資料，所使用的文句」未必完全相同。

然而，本書立意不在考據。由於一個因緣，新宇宙神權開示，要雲深「有因緣可講道德經」，雲深也不大會講話，但整理資料還可行，同時也認為「用口說，固然是講。用書面呈顯，又何嘗不是。」於是，乾脆用書面文字先作整理，以兌現自己的承諾，因而有此書（講義）。且由於編者時間和因緣的關係，目前只能對於「上篇」加以

整理，但這樣至少對自己的承諾有了個交代。其中因緣轉折，在此就不一一細述。

此書，旨在「將《老子道德經》用比較現代化的語言，將其中所蘊含的『真理』分享給大家。」所以，在這本書中，不會去考據「各個文本」之間的差異，編者將直接採用《老子道德經憨山解》所記錄的「道德經文句」加以解讀。在解讀上，也會以《老子道德經憨山解》作為主要參考的本子。目前僅能對《道德經》「上篇」加以解讀，但在文後會附上《道德經》「下篇」，以方便各位讀者參閱。

接著，我們就直接進入到《道德經》中，儘量以現代人能理解的方式或詞語，試著解讀《道德經》。希望對於各位「在理解《道德經》，認識到老子李聃所要傳達給我們的真理，或如何與現實生活方面做聯結」這幾個方面有所助益。

1.道可道，非常道。名可名，非常名。
　無名天地之始；有名萬物之母。

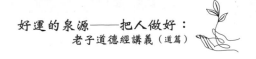

故常無欲，以觀其妙；常有欲，以觀其徼。

此兩者，同出而異名，同謂之玄。玄之又玄，眾妙之門。

▲ 憨山解：「此章總言道之體用，及入道工夫也。老氏之學，盡在於此。其五千餘言所敷演者，唯演此一章也。」

換言之，《老子道德經》的主旨及重點就在「第1章」。第1章的重點，就明代憨山德清法師的見解，此章在講述兩個部分：

（一）「道」之體用，以及（二）入道工夫。但，由此可知，老子《道德經》有一大重點，就是在形容這個「道」。

我們不妨直接進入第1章來進行解讀。

解讀 道可道，非常道。名可名，非常名。

首先，我們先來看一段很重要的文字。

Q. 《道德經》第一篇說「道可道，非常道；名可名，非常名。」叩請公主為我們開示「道」的真正意義，以及何謂「德」。

★ 公主開示：
道指規律，宇宙運行的規律，順道走，順天者昌，逆道走，逆天者亡。新宇宙神權，帶領地球一切眾生，往太平盛世的方向走。
──《修行人的導航》（2022），頁53。

　　在這段文字中，已經把「道」這個詞的意思「用現代的表達方式」傳遞給我們了。「道」，指「規律」，宇宙運行的規律。順著這個規律走，則昌盛；違背宇宙規律走，則朝向滅亡。

　　而其中的「天」，遠遠高於「地球的神權」。神權是一層一層的，地球有地球的輪值佛，由輪值佛管理地球的神權。而宇宙又有宇宙的神權，曾聽救世主說宇宙有三大區域，我們地球屬於第三區域的管轄。目前（整理此文章

時），地球已進入第五文明，維度亦揚昇至五維，現在是淘汰期，淘汰一切不合宜的人事物。已經進入新宇宙，由新宇宙神權管理，舊宇宙神權消亡，法身、高法身制度被廢除，因為使用法術的緣故。

好，回過頭來，我們再理解「道可道，非常道。名可名，非常名。」從字面意思來解讀，即是：「道，縱然可用語言文字進行說明或指稱，但這些語言文字『不等於』真常之道本身。「用以命名的這些名稱、名詞」，它也不是一個固定不變的名稱或名詞。」

簡單來說，譬如「道」，我們現在知道它是「宇宙運行的規律」。好，那請問「宇宙運行的規律」這7個字，我們要怎麼樣去認知它。今天，老子用「道」來形容、描述「宇宙運行的規律」，我們便認為「有一個道」，那如果當時它用「軌則」來描述呢？不論是「道」或者「軌則」在此，都指向「宇宙運行的規律」，這些名稱（形容詞）不等於「宇宙運行的規律本身」。

也就是說，「道」，用現代的語言來形容，它是很「抽象的」，是「形而上的」，我們只能試圖用相對適當

的文字去形容它、描述它。我們可以說「這些語言文字是在『形容』道」。但是，我們「不能」說「這些文字就是『道本身』」。

舉個例子，譬如我們用很多的文字去形容什麼是太陽，像網路上一查，顯示：「太陽（又稱日），是太陽系中心的恆星，它幾乎是熱電漿與磁場交織著的一個理想球體。它的直徑大約是1,392,000（1.392×106）公里……」但，請問各位：「這些文字描述等於太陽嗎？」不等於，它們是「一種描述，一種形容」，並不等於「太陽本身」。

又或者在紙上、電腦上繪製出太陽，或者古代畫了一個⊙的符號代表太陽……。請問「這些文字描述等於太陽嗎？」還是不等於，它們仍是「一種描述工具」。所以說，這些「語言、文字，乃至繪圖符號」，畢竟不能等於「太陽本身」。

換言之，我們是在透過「語言、文字、符號形象，甚或是繪圖」來討論「這物質世界的事物，甚或是物質世界之外的狀態」。

「道」這個詞，也是一樣的。而對於「道」這樣看不見、摸不著的概念，我們也只能試圖用「語言文字等工具」去「描繪它、貼近它、理解它」。但值得留意的是：不要因為這些方式或工具，反而阻礙我們理解真實。

　　譬如佛家有所謂的「真常」一詞。請問：「真常」與這裡所說的「大道」能不能有所聯結呢？會不會只是「用不同的語言」來表達「同一個真理」。

　　或許，我們可以把「言語或名稱」當成一種「形容詞」來看待。譬如有一個人，名字叫「李逍遙」，而他的家人給他取了個小名叫「虎虎」。請問，這個人是「李逍遙」還是「虎虎」？都是，也都不是。你說，這是在戲耍我們嗎？不是的。為什麼說「都是」？因為，兩個名稱都是在稱呼這個人。為什麼說「都不是」？因為，這兩個名稱，都不等於這個人。假設他的爹媽把他取名叫「李自在」，這個人還是同一個人，但稱呼不同了，你再喊他李逍遙，他也不答理你了。而如果我們把這個譬喻裡的「人」喻作「真理」，他的名字或小名喻作「道」這個形容詞，那就不難理解了。就像「真理」一詞，若用「真常之道」來形容，可不可以？或用「本來面目」、「真實

相」來描述，可不可以？如果可以，那這幾個詞彙，就可指向「同樣的概念」。

解讀 **無名天地之始；有名萬物之母。**

這就有「真空妙有」的意味。現代有一個詞叫作「顯化」，有點像是把抽象的概念，作出一個具體可見的物體出來。譬如畫家，他們在心裡（心象）想像一個圖樣，然後在圖紙上、電腦上繪製這個圖樣出來，這就是從無到有，他把心中的圖樣「顯化」出來，讓其它人也可看見，也可觀察得到。這句是說「宇宙運行的規律顯化了」。

提到畫家，《華嚴經》裡有句偈可以並列在此，以助理解。偈云：

「心如工畫師，能畫諸世間，

　五蘊悉從生，無法而不造。」

這也就是說：我們不斷在『創造／顯化』我們的世界，我們的心（因）引領著我們自身所處的世界（果）。

「無名天地之始；有名萬物之母」無，無名無相之道。由這無名無相之道，生成天地。有，指天地，從這有名

66

有相之天地，又化育萬物。這是在講「道之作用」。亦即，
「無名無相之道」是在形容「道之體」，而「生成天地、化
育萬物」，這是在形容「道之用」。用，指「作用」。

> 解讀　故常無，欲以觀其妙；常有，欲以觀其徼。此
> 兩者，同出而異名，同謂之玄。玄之又玄，眾
> 妙之門。

　　我們對此簡單作個解讀。憨山法師認為「**故常無，欲
以觀其妙；常有，欲以觀其徼。**」是在說「入道工夫」。他
認為「觀」這個字是其中重點。「道體」虛無，我們是否能
觀察到這個「道妙」。但「道用」常有，我們是否能觀察到
日常生活中「道用」的痕跡。徼，邊界，但這邊可能解作
「痕跡」會比較好理解。道妙：即宇宙規律運行的奧妙。

　　道體＆道用
　　因為，「道」無形無相，我們很難去體察
「道」的存在，也不容易去形容「道」是怎麼樣的
一個狀態。所以，前賢們就拿「體」和「用」來形
容。

道體：形容「道」為一個體。其實，「道體」就是在指稱「道的本身」。然而，「道」並無「物質的『體』」，為了好理解，後人加了個「體」字來形容。譬如「身體」就是指「身這個存在體」；「物體」就是指「物本身」，但身體或物體是有個「物質的體」，而「道」是無形無相的。

道用：道的作用。

　　所以，對於「故常無，欲以觀其妙；常有，欲以觀其徼」這句，不必想得太複雜。這就是在提醒我們「細心體會：道在日用」。

　　也就是說，雖然「道／宇宙規則」是無形無相、不可捉摸的，但是，我們在日常生活中，是不是「能去體會到宇宙規律的存在，體會到它的奧妙，體會這個規律時時刻刻運作著」？又，我們在這個宇宙規律裡生活，是不是能因此「心懷感恩」？是不是依著它運行軌則在生活、行事？

　　而宇宙規則作用於萬事萬物當中（常有），我們是不是能藉這些萬事萬物去觀察到「道在運行的痕跡」（觀其徼）。

　　「此兩者，同出而異名」：「常無（道體虛無）」也好，「常有（道用常在）」也好，其實都是對「道」的形容，只是用不同的角度加以分析、詮釋而已。不要因為跟我們講了個「無」跟「有」，我們就落入這些名詞的分別對立當中。這些名詞只是形容詞。

　　「同謂之玄」：不論是從「道體的常無」來看，或是「道用的常有」來觀察，「道─宇宙規律」都是相當奧妙的。玄，深遠奧妙。講「深遠奧妙」我們可能聽不大懂。其實就是在形容「宇宙法則是做人的基礎」。宇宙法則之所以深遠奧妙，是因為它運行於一切，是森羅萬象賴之而成的根本，也因此，對於我們而言，宇宙規則是我們做人處世的依據。它的玄妙，是從這個角度來說的。

　　「玄之又玄，眾妙之門」：若順著上頭「宇宙法則是做人的基礎」這個文義來解讀。那麼，「玄之又玄」即是「基礎中的基礎，根本中的根本」。「眾妙之門」不論

是君侯治世，或是百工運行，乃至修行領域，若要順遂、成就，那就得依著這個宇宙規律來運作。如此解讀，我們才會發現《道德經》真的是一部在講「做人道理」的書。如果講的是那種讓人既聽不懂，又難以落實的「玄之又玄」，那就失去老子跟我們講述《道德經》的用心良苦了。

2. 天下皆知美之為美，斯惡已。皆知善之為善，斯不善已。
　　故有無相生，難易相成，長短相較，高下相傾，音聲相和，前後相隨。是以聖人處無為之事，行不言之教；萬物作焉而不辭，生而不有。為而不恃，功成而弗居。夫唯弗居，是以不去。

　　▲ 憨山解：「此釋前章可名非常名，以明世人居有為之跡，虛名不足尚。」

　　解讀　天下皆知美之為美，斯惡已。皆知善之為善，斯不善已。

大家都知道「美」被標榜為「美」，這不是一件好事。大家都知道「善」被標榜為「善」，這也不是一件好事。

不是「美」或「善」出了錯，而是「標榜」這個動作出了問題。譬如鑽石美不美，切割之後火光閃閃的，好美，對不對。但因為，世人「標榜它是美」的，結果出現了所謂的「血鑽石」。為什麼被稱作血鑽石？就是說這些鑽石的出現，是某些人民用他們的生命挖掘出來的。如果不標榜鑽石有多美，那人們怎麼會去求取呢？（關於血鑽石，可以參考網路上有一個影片叫〈黑暗大陸血鑽石-聚焦東南非〉。）

「善」也是一樣，一經過「標榜、包裝」，這個善，就不是「真善／純粹的善」了。

救世主曾開示：「有目的，那那件事就不美了。」

解讀 故有無相生，難易相成，長短相較，高下相傾，音聲相和，前後相隨。

這是承著上面「美／不美，善／不善」來說的。講的是「相對」的道理。「有無；難易；長短；高下；和與不和；前後」這些都是「人為比較」出來的。剛剛提到的「標榜」也是一種「人為」。

　　我們拿「高下」來說就好，其它都是一樣的意思。譬如「登泰山而小天下」。其實泰山並不高，它的海拔為1545公尺，台灣的玉山則3952公尺。但為什麼「登泰山能小天下」？因為「相較而來」。泰山位於一個平原上，這個平原的海拔高度不到50公尺，泰山座落於這個大平原上，就格外顯得巍峨高峻。

　　人的身高其實也是，像我們這小個子的人，以前都很羨慕180多公分的人，那時很希望自己也能長到180公分。但180公分真的就「高」嗎？如果他站在一位巨人身旁，那就又顯小了。所以，這也是「互相比較而來」。如果不要去「標榜」高就是好，那麼個子小又何妨？

　　所以，我們地球人的一大問題就在於「喜歡比較」。所以有一句話叫作「不比較，就沒有傷害」，雖然這被當作是玩笑話，但不得不說，這句話還是有點道理。

釋迦牟尼佛很有智慧，祂教導我們「隨喜」，不要比較，看到別人做得好，我們也隨之歡喜；看到別人優點，可以學習，但不要比較，隨喜就好。這樣一來，看到別人不足的地方，我們則鼓勵他提升，世間就少了許多紛爭。

> 解讀　是以聖人處無為之事，行不言之教；萬物作焉而不辭，生而不有。為而不恃，功成而弗居。夫唯弗居，是以不去。

聖人，與道相合的人，合乎宇宙規律的人。

「是以聖人處無為之事，行不言之教」因此，聖人沒有刻意要做什麼，也沒有刻意要說什麼。譬如，不特別去標榜什麼美醜、高下，就是好好地按照宇宙規律在過生活。而這種「無為之事、不言之教」就冥合於「道」。而「道」是怎麼樣的呢？

「萬物作焉而不辭，生而不有。為而不恃，功成而弗居」道，運行於萬物當中而不會有所偏頗，生養萬物而不把萬物視為自己所擁有。雖然如此運行於萬物，卻不會自誇己能。雖然於萬物有功而不邀功。

■ 不辭：辭，推拒不接受。

「夫唯弗居，是以不去」由於不居功，因此成就其
「真常之德」。不去，即常存，可解為「真常之德」。因
處無為之事，行不言之教，且能不邀功，冥合於道，由於
這個德行合於道，因此「既真且常」。

3. 不尚賢，使民不爭；

　不貴難得之貨，使民不為盜；不見可欲，使心不
　亂。

　是以聖人之治，虛其心，實其腹，弱其志，強其
　骨。

　常使民無知無欲。使夫知者不敢為也。

　為無為，則無不治。

▲ 憨山解：「此言世人競有為之跡，尚名好利嗜
　　欲之害，教君人者治之之方。」

解讀　不尚賢，使民不爭；不貴難得之貨，使民不為
　　　盜；不見可欲，使心不亂。

「不尚賢，使民不爭；不貴難得之貨，使民不為盜；」此章與第2章的意思是相銜接的。不特別推崇哪一個人比較賢能，那麼人民就不會去爭著成為最賢能的人。不刻意去標榜稀缺之物，或拉抬它們的身價，那麼人們就不會去盜取這些物品。

「不見可欲，使心不亂。」心中如果沒有所想要的東西、事物，那麼心就能夠得以安定。這是在說「少欲知足」乃至於「無所求」。

> 解讀　是以聖人之治，虛其心，實其腹，弱其志，強其骨。常使民無知無欲。使夫知者不敢為也。

這段憨山法師解得很好，我們直接引用他的註解。

「虛其心」，即「教人先斷妄想思慮之心，此則拔本塞源。」這是從根本作起。冥合於道的聖人，在化導眾生的時候，還是從「心源」開始。「教人先斷妄想思慮之心」其實先理解為「幫助人民回歸清淨心」，先這樣理解也就可以。

「實其腹」，即「使民安飽自足，心無外慕。」這是人民生活的基本需求，維持人民生計，這有助民心安定。

　　「弱其志」，即「不可以聲色貨利外誘民心，則民自絕貪求，不起奔競之志。」志，在這裡解作「奔競之志」，也就是互相競爭追求的心。「弱其志」在這裡是「由外而內」的作法，譬如政府為刺激經濟而鼓勵消費，看似經濟一時好轉，但實際上可能就助長人民的貪欲。又譬如，政府在社會上、網路上，若能真正禁止聲色場所的存在，人民就能減少這方面貪求。所以，「弱其志」的重點就在於：從外在社會環境的清淨，而協助人們內心也得以清淨。

　　「強其骨」，即「民既無求，則使之以鑿井而飲，耕田而食，自食其力。」現在有一些都會人士，在假日會喜歡到鄉下，租買個田地，過過鄉村生活，他們希望的是「回歸自然」。由於「回歸自然」，很多事情要靠「手作」，這樣一來，身體也會健康一點，這就有助於「強其骨」。像我們現代人，很多人因為工作或生活型態的關係，不但很少運動，也不常去曬曬陽光或接近大自然，其實身體都比較不健康。

「常使民無知無欲」，即「常使民不識不知，而全不知聲色貨利之可欲，而自然無欲矣。」這一項要特別說明，這與「愚民政策」迥然不同。

· 「愚民政策」

　是出於「有私心的執政者」，也就是執政者為了奴役人民，所以不希望人們知道真相，例子很好舉，但這裡就不提了。

· 此處的「常使民無知無欲」

　是出於「已經合道的聖人」，這些聖人本身已經冥合於道，她／他真正是為公而不為私。在這個前提下，之所以「使民無知無欲」的用意，是在於「協助人民保持清淨心，也能冥合於道」。

　要留意的是，有一類型的人「會打著協助人民的旗號，實則在飽足私欲」或者「將自己的欲望裹上漂亮的糖衣」，對於這種情形，要特別小心。其中的分判就是「真心為公」，即「是否真心為人民著想，希望人民過得更好」，這是兩者之間最大的區異。

就著「常使民無知無欲」這點來說，以現今的社會而言，就會討論到「自由」與「審查」之間的關係，又或者以創作為例，究竟是「藝術」或是「色情」也曾經被世人討論過。個人認為「自由」與「審查」的尺度，還是有必要再加以拿捏。「自由」很好，我個人也很喜歡自由，但不得不說「過度的自由」也有其危害。當然，大部分人都不喜歡「審查」，但就網路這樣普及的年代，很多年輕的孩子過早就接觸網絡資訊，其中的確有很多是「不利於身心成長的」，如果這個方面也不加以把關，實在是令人憂心。就如老子在這裡所述的，有些東西一旦「知其可欲」之後，我們一般人定功不足、智慧不夠，是很難從「種種的聲色貨利當中」跳脫出來的。

然而，「過度自由，反成放縱」，但「過度審查，則民畏懼」。因此，在「自由」與「審查」之間，還是要儘量「保持中道」。而這個「中道」，中間值在哪裡？怎麼樣才算恰到好處，個人淺見：應該還是要先從「認識真理、了解宇宙運行的規律」入手，大家對「道」有個共通的理解，順著這個宇宙運行的規律，去拿捏出「合適的中間值（中道）」，這應該會是比較妥當的方式。

　　「使夫知者不敢為也」，即「縱然間有一二黠滑之徒，雖知功利之可欲，亦不敢有妄為攘奪之心矣。」這是承上句「常使民無知無欲」而言。是說，已經讓人民避免「對聲色貨利的貪求」，但是在眾多人民之間，難免還是會有一些比較狡詐的人，他們可能嚐過貨利名聞的甜頭，而生起貪著馳逐之心。但在聖人教化之下，一個良善風俗民情的氛圍之內，這「少數的黠滑之徒」也就不敢胡作非為。

　　<u>解讀</u>　為無為，則無不治。

　　這是在說「無為而治」，簡單來說，就是「順著宇宙規律走」則「一切都會在軌道上」。

4. 道沖而用之或不盈。淵兮似萬物之宗。
　　挫其銳，解其紛，和其光，同其塵。湛兮似或存。
　　吾不知誰之子，象帝之先。

　　▲ 憨山解：「此讚道之體用微妙，而不可測知也。」

關於「道體」和「道用」，在第1章的解讀中，已經提及。此不再述。接著我們試著解讀本章。《道德經》的第4章和第56章，是成語「和光同塵」的出處。

解讀　道沖而用之或不盈。淵兮似萬物之宗。

「道沖而用之或不盈」

沖：「虛」，如清虛沖淡。盈：滿，或者可解作「過度」。憨山法師解為「道體至虛，其實充滿天地萬物。但無形而不可見，故曰用之或不盈。」用現代的話來說，就是：「宇宙規律遍布於一切，但又無形無相，它運行時，恰到好處，不會有過度的情形。」

「淵兮似萬物之宗」

淵：深且靜，或解作「源」，如「淵源」。宗，根本。此句是說「道，如淵如源，是萬物的根本。」這是在說明「宇宙規律對萬物的重要」，同時，也是在形容「道的作用，能長養萬物，萬物賴以為存。」

解讀　挫其銳，解其紛，和其光，同其塵。湛兮似或存。

「挫其銳，解其紛」

「挫銳解紛」銳：尖銳、剛銳。紛：糾紛、紛擾。「道」不是很尖銳、剛硬，也不是很有攻擊性的樣子。我們看老子為我們揭示的「道」，它是很柔和、穩健、恆常，而無所不包，無所不在的。而「這樣的道」落實於人間，則是能排解掉人世間的紛爭與對立。

「和其光，同其塵」

這在後來成為一句成語「和光同塵」，意思是說「含斂光芒，混同於塵世」，相關的成語譬如「大智若愚」、「韜光養晦」。「和光」雖然有「含斂光芒、低調內斂」的涵義，但另外也有「光光相照，彼此無礙」的涵義。我們把這兩個都說一說。

「含斂光芒、低調內斂」這個解釋著重於「低調、謙卑、不張揚」。譬如「才能或聰明」，有些人的「才能和聰明」，會讓人感到不舒服，因為自恃著自己的能力，而在有意、無意之間，流露出一種「帶著刺」的感覺。古時候有一位俞淨意先生，他就曾經因為自己的聰明才智，而在言語談笑中，失了口德、傷了朋友，雖然自己知道這樣有失厚道，但卻未能自我收斂。後來家道不濟，幸好遇

到灶神願意點化，提醒他要革除的習氣毛病，「出口傷厚」是其中一項。而這段經過被寫成了《俞淨意公遇灶神記》，有興趣的讀者可以找來閱讀。

所以，「聰明才智」不是不好，但若自己仗恃著聰明才智，而用來輕毀他人，這樣就可惜了。而我們看，真正有德行的人，都是很低調謙和的。所以，和光同塵「『不是』要我們降低維度或同流合污」，而是強調內斂，有光很好，但不要刺傷別人。像佛菩薩光芒萬丈，但也不會讓人感到不舒服，反而感到祥和安定，這是值得我們學習的。當個「能夠照亮他人，但又不會讓人感到不舒服」的光之燈塔。

「光光相照，彼此無礙」這層的解讀則著重在「彼此的尊重與包容」。我們世間人好像會有一種「自揚己能，輕慢他人」的習氣，其實大可不必這樣子。每個人都有各自的專才與強項，實在不需要拿自己的強項去與他人比較。譬如有兩個人，一個很會唱歌，對於音律很在行，是一位歌手；另一個很會寫文章，文采很好，是一位作家。假若「歌手」硬要跟「作家」比賽唱歌，那再怎麼比，作家也是唱輸歌手呀，不是嗎？那為什麼這位歌手「不和作

家比寫作」呢？是吧。拿自己的強項或專長而看輕、嘲笑、批評別人，這有什麼意思？但若這位作家隨喜歌手的音樂才華，而歌手讚嘆作家的文筆，那兩人不就相安無事。或者，甚至兩人還能搭配，作家寫詞，而歌手譜曲演唱，這樣兩人可能還結交成為好友、合作夥伴呢！

所以，「光光相照，彼此無礙」。我們各自發揮自己的長才、強項，完成自己此生的任務，互相尊重，彼此學習欣賞對方的專才，甚至能有一種「協助他人也能完成任務的心」，共同為地球的永續經營，為新宇宙的美好祥和而努力，這才是特意前來「為我們傳遞宇宙真理聖人們」所樂見的。

「湛兮似或存」

湛，清楚、明澈。憨山法師解說「然其道妙用如此，變化無方。而其體則湛然不動，雖用而無跡。故曰湛兮或存。」「湛兮似或存」這句是在形容「道」的「無為」，用現代語來說，就是「『宇宙規律運行於一切』這件事，是明明白白，無庸質疑的，但因為『道』的『無為』特質，讓人感到它『似有若無』，而不會有不舒服的感受，也就是『自自然然的』。」

解讀 吾不知誰之子，象帝之先。

這句是說，「道」在天地生成以前就存在了，不知是從何開始。

「象帝之先」，指「宇宙規律運行於一切，不論是民、官、神、天，都依之而行」。

必須說明的是：「天」的意涵有很多層次，不一定只能指「梵天」或「天堂」。「梵天」或「天堂」只是「天」這個詞，眾多意涵中的一部分，前頭也說過了，關於名詞、詞彙，有時把它當作「形容詞」就好，不要看得那麼僵化。換句話說，老子對「宇宙規律」這個無形無象的存在「強名為『道』」，那麼，是不是也可以用「天」這個詞來指稱「宇宙規律」，應該也是可以的。

宇宙真的很浩瀚，我們地球的維度目前雖然有幸升至五維，但這個維度對宇宙高層而言，還是很低很低的。所以，我們還是要保有一個「具有彈性的心靈」，不能用自己的知見去揣測一切。

★救世主開示：

　　不要和別人較勁，不能只想到自己。

　　尊者階不要以尊者階的視野去衡量菩薩階；

　　菩薩階亦不能以菩薩階的視野去衡量佛階。

5. 天地不仁，以萬物為芻狗；聖人不仁，以百姓為芻
狗。

　　天地之間，其猶橐籥乎？虛而不屈，動而愈出。

　　多言數窮，不如守中。

▲ 憨山解：「此言天地之道，以無心而成物。聖
人之道，以忘言而體玄也。」

解讀　天地不仁，以萬物為芻狗；聖人不仁，以百姓
為芻狗。

　　芻狗，用草編成狗形，以作祭祀用，用完即棄。但若
把這解釋放入這段文中，可能容易誤解，因此我們只取意
象來解讀。

其實，這整段文字主要在說一個觀念，即「生而不有」，而不是在說輕賤人民。而「生而不有」的背後，則又蘊含著「無我／無為」、「不邀功」以及「平等、互相尊重」的概念在裡面。

道成萬物，而不以為己有，何況人乎？道生成化育萬物，但它不會認為萬物是自己所有，聖人也是如此。打個比方，就像父母生養子女，但養至成年，子女終究也是有自己的人生要過，父母不可認為：「這個孩子是『我生的』，一切都要聽我的安排。」不可以這樣子。但孩子也不能認為「我有我的人生要過，為什麼要聽父母的。」也不能這樣想。就是說，還是要依照「中道」，彼此能找到一個中間值是最好的。但，世間裡的關係是很複雜的，也不是這幾句話就說得明了，這裡只是藉此作個例子，旨在說明「生而不有」的概念。

「生而不有」也就是這裡頭沒有「想要控制他人的念頭」。其實，這個觀念可以用在很多地方，不一定只講生養關係。譬如婆媳、師生、夫妻、情侶，乃至佛門中的「上座、下座」，或宗教中的神職人員與信徒……，這些關係，都是如此。每個人轉世來地球，不論是業力來的，

或是願力來的，總是有其因緣，但大家「最根本的靈性／本性／自性／佛性……」都是平等的，只是所修所證的程度不同。對於修得好的，我們隨喜讚嘆；對於還沒修到一定層次的，我們也不輕視，因為我們自己也修得不怎麼樣。如此一來，就「不會想要去控制別人」。

我們看佛經裡面，誰最想控制別人？大概就是魔王波旬。波旬認為人民都是他所擁有，想要控制人們，不容許人們脫出他的控制範圍。所以，佛陀要成道前，魔王就跑去干擾釋迦牟尼，就是害怕釋迦牟尼成道後，超脫他的控制範圍，他也害怕因為佛的證悟，讓地球人因此也證悟，也超脫他的控制範圍。波旬就是這樣的一個心態。然而，我們再看，波旬想控制人，結果他所管理的範圍也如此。但，釋迦牟尼沒有想要宰制任何眾生，而是希望教化眾生，期許眾生也能證悟真理，解脫苦惱。如此無私無我，反而讓祂成就了，乃至成佛了，據說其教化區是一個大千世界。「波旬所控制的範圍」與「釋迦牟尼佛的教化區」怎麼能比擬呢！而且，你看波旬想要控制人，從另一個方面來說，反而是被人們所控制。因為，一旦有人即將脫出他的管轄，他就害怕得不得了，何必過得這麼辛苦呢？所以，「生而不有」這個概念很重要。「想要控制別

人的這個念頭」，不符合宇宙規律。

■ 芻狗：古時用草編結成的狗形，供祭祀用，用完即丟棄。後比喻輕賤無用之物。

解讀 **天地之間，其猶橐籥乎？虛而不屈，動而愈出。**

天地之間，難道不像個「風箱」嗎？風箱，中間是空的，藉由鼓風、吹火，而產生作用。看似中空，卻又無所虧損，運作之後，愈能觀察到它的妙用。此段藉由「**橐籥（風箱）**」，比喻「道體」；而藉由「**虛而不屈，動而愈出**」比喻「道用」。

以此說明：宇宙規律，運行天地，生生不息。

■ 橐籥：ㄊㄨㄛ╱ㄩㄝˋ，古代冶煉時用來鼓風、吹火的裝置，現在稱為「風箱」，橐、籥是兩種東西。比喻自然、造化。

■ 虛而不屈：屈，虧損、勉強。

解讀　多言數窮，不如守中。

「多言數窮」：這有一種「天何言哉？」的意味在裡頭。

在《論語》當中，記載：

子曰：「予欲無言。」子貢曰：「子如不言，則小子何述焉？」子曰：「天何言哉？四時行焉，百物生焉，天何言哉？」

孔子：「我不想說話了。」
子貢：「您如果不說話，弟子們要遵循什麼而學呢？」
孔子：「天，哪有說過什麼？但四季就這麼運行，萬物就這麼生長，天，哪裡有說過什麼。」

「道」本身沒什說什麼，因為它「無形、無名、無相、無為」。用「道」這個詞也好，或者「宇宙運行規律」也好，乃至「真理」這個詞也好。它們本身並沒有言

說什麼，就這麼自自然然地運行著。而悟道的聖人們，因為期許我們也能理解這些真理，所以用我們人世間的語言，來傳達這些真理。但是，「真理」一定得用「言語」才能表達呢？能不能用其它形式來表達「真理」，譬如意念、光、頻率、波動。應該是可以的。那麼，「多言數窮」，「真理」原本「也是不用說的（因為無形、無相）」，同時它「也不是用說的（因為自然運行）」。

「不如守中」

「守中」要把它解為「守中道而行」也可以，或把它解讀作「依著道的軌則而行」也可以。所以，這句話基本的意思，用現代話來表達，就是「不如就本本分分地依照著宇宙運行的規律吧」。

■ 多言數窮

南方壺：「此處『多言』，其原意並不只是話多而已，而是『有為』，『數』則是『速』。整句的意思是『多所作為，將加速敗亡，還不如抱守清虛，無為無事。』[3]」這個解讀也滿好，放在這裡以供大家參考。

3.https://www.stat.nuk.edu.tw/huangwj/south-article/432_1020516.pdf

■ 守中：持守中道

6. 谷神不死，是謂玄牝。玄牝之門，是謂天地根。綿
　綿若存，用之不勤。

▲ 憨山解：「此言道體常存，以釋上章虛而不
　屈，動而愈出之意。」

解讀　谷神不死，是謂玄牝。

「谷神不死」「神」此即指「道」。「谷」，形容
「虛曠、靈虛」。「谷神」，意思就是「靈虛的大道、無
形無相的大道」。谷神不死，即憨山法師所解釋的「道體
常存」。

「是謂玄牝。」「牝」，雌性。「玄」，此指
「『道』沒有個有形的『體』」。「玄牝」，指：無形而
能生之「道」。

基本上，「谷神」、「不死」、「玄牝」都是在形容

「道」。

「谷神」著重於道的「無形、無相」；
「不死」著重於道的「永恆」；
「玄牝」著重於道的「化育萬物的功用」

解讀 玄牝之門，是謂天地根。綿綿若存，用之不勤。

「**玄牝之門，是謂天地根。**」「門」，出入口，憨山法師解作「出入的樞機」。樞機，有「關鍵」的意思。這句不妨解作「玄牝之於門」，這個能生育萬物的妙道，就好像一個至為重要的門戶、關鍵一般，它是天地形成之根本源頭。這一整句，可以搭配第25章的「**有物混成，先天地生**」一起來看。意思都是在說明這個「道—宇宙運行規律」早在天地生成之前就存在了，而因為它的運行，而演化出天地。

「**綿綿若存，用之不勤。**」「不勤」，無心而運用，這是在說明「道的無為」。整句來說，即：「道」若有似無，但又綿綿不斷，運行於一切，而不帶有任何刻意在裡

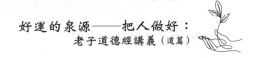

頭，是自自然然的。

7. 天長地久。
　天地所以能長且久者，以其不自生，故能長生。
　是以聖人後其身而身先；外其身而身存。非以其
　無私耶？故能成其私。

▲ 憨山解：「此言天地以不生故長生，以比聖人
　　忘身故身存也。」

解讀　天長地久。天地所以能長且久者，以其不自
　　　生，故能長生。

　　這段的重點在於「不自生」。「不自生」講的是「不
著重於自身的生成與否」。「天地」之所以能長久存在，
因為它不在意自身是否存在。天地它長養萬物，卻也不在
意自身是否得到長養。由於這個特性，所以，在「道生天
地」之後，天地能持續地「合乎於道」。因此，重點在於
「合乎於道」。「道」既然亙古常存，若能真正且完全合
乎於「道」，當然也就能長久。

那麼，我們可以思考一個問題：如果按照這個邏輯來看，萬物由天地而生，天地由道而生（「生」，可以說是「演化」的意思）。「人」既然是萬物之一，為什麼「天地能長且久」，而人與萬物卻沒辦法呢？

關於這個問題，我們可以從下一段，找到一些蛛絲馬跡。

解讀　是以聖人後其身而身先；外其身而身存。非以其無私耶？故能成其私。

我們試著用大家容易明白的話語來解讀。「聖人把自己放在眾人之後，反而使它的修行領域走在前頭。聖人把自己的生死置之度外，而使得自己的性德流露。這難道不是因為『無私、無我』，而使得個人得以成就嗎？」

因此，關於上面那個問題，為什麼「天地能長且久，而人沒辦法？」其實，應該說雖然肉身沒辦法常存，但是「性德／靈性／佛性／神性」可以常存。只是，為什麼聖人能夠性德常顯？而我們一般人沒辦法呢？最根本的原因，就在於「是否合於道」。因為聖人的行跡與道相合，

所以他的自性流露，因此稱之為「常存」。然而，我們一般人與聖人有一樣的「性德／靈性／佛性／神性」，只是我們的性德隱沒了，被習氣、毛病、錯誤的觀看角度或想法給覆蓋住了，沒能與「道」相合，沒能流露，所以「看似未能常存」，但其實我們的「性德」一直都在。

因此，本章的重點，還是在於：鼓勵我們也向聖人學習，能夠「後其身而身先；外其身而身存」，去私無我，乃至最終也能「與道相合」。

8. 上善若水。水善利萬物而不爭，處眾人之所惡，故幾於道。
居善地，心善淵，與善仁，言善信，政善治，事善能，動善時。夫唯不爭，故無尤。

▲ 憨山解：「此言不爭之德，無往而不善也。」

此篇以「水」作為一個很重要的譬喻。同時，這篇是成語「上善若水」的出處。全章重點在於：不爭。這篇應該不難理解，我們先簡單解讀即可。

上善若水。水善利萬物而不爭，處眾人之所
惡，故幾於道。

　　世間最善的，就好像「水」一般，為什麼呢？因為水
善於滋潤萬物，且又不會爭高，常常處於眾人所惡之處。
眾人多半「喜高，而不喜低下」，因此「低下」往往是眾
人所不喜歡的地方。也由於水「善利萬物，而又處下不
爭」的特質，可以說它是幾乎近於「道」了。

　　這裡間接了又提示了「道」的特性──「長善萬物而
無為」，而「水」的「善利萬物而不爭」正好符合「道」
的特性，符合宇宙運行的規律。

　　但，我們還是得回過頭來想想：「為什麼老子要一再
地向我們提示道的特性、道的作用？又要用種種的譬喻來
闡釋這些道理？」

　　無非是期許我們「從中去體會這個宇宙運行的規律
（體道）」，進而能「依著這個規律去做，而能回到與道
相合的狀態（歸真、把人做好）」。因此，不論是第7章
「後其身而身先；外其身而身存」的「去私無我」，又或

者第8章「學習水的善利萬物而不爭」，這都很明確地在向我們揭示「做人的道理」及「修行的方向」。

水，善利萬物而不爭。

舉個例子，譬如救世主曾開示：「普賢菩薩和文殊菩薩有一世就窩在廚房一輩子煮飯，為的是磨自己的本性。無爭，多做，累積功德。」

一般人，要我們窩在廚房煮一輩子的飯，有幾個人願意？廚房煮飯不容易，這個有意見，那個有想法，自己還得耐得住性子，不但得任勞，還得任怨，不容易啊。但人家普賢菩薩、文殊菩薩，為了成就道業，用這樣的方式來磨出自己的本性。就是默默地「付出、付出再付出」，人家做住持、做當家很風光，他們就安安分分地窩在大寮煮飯燒菜，不計較，無爭，也不羨慕別人是怎樣怎樣地風光，就這樣老實、真心付出，學習無我。最終，功德圓滿，修行領域就提升了，就進階了。聖人，是這樣修成的。這裡頭有很多值得學習的，譬如無私無我、真心付出、老實、不計較、無爭……。

所以，不要看煮個飯、掃個地好像沒什麼，是看會不會掃，用什麼心在煮。說件事不怕大家笑，剛開始接觸寺院時，叫我去掃地，我真的「不會掃」，不是動作上的不會掃，而是心態上的不會掃。結果，掃得起煩惱，心想：「怎麼我來這，叫我掃地。」就是有一種傲慢的心態在裡面，現在回想起來，也覺得當時的自己很好笑。不會掃，就是像我這樣，愈掃愈起煩惱；會做的，就是在向普賢菩薩、文殊菩薩學習，學習「善利萬物而不爭、無私無我……」

　　公主開示：當自己思緒困住時，以「打掃」最快清掉阻礙。

解讀　居善地，心善淵，與善仁，言善信，政善治，
　　　事善能，動善時。

這一段，我們直接透由憨山法師的註解作解讀。

「居善地」「由聖人處謙下不爭之德，故無往而不

善。居則止於至善，故曰善地。」

「心善淵」「心則淵靜深默，無往而不定，故曰善淵。」心地隨時隨地都虛曠，猶如安定能納眾水的深淵。

「與善仁」「與物相與，無往而非仁愛之心，故與善仁。」所謂「民胞物與」視人民如同胞，視動物如同類，指仁民愛物之廣大胸襟。為何能如此呢？「平等心普敬」的緣故，能夠尊重萬物，抱持著一顆「希望眾生好」的心。

「言善信」「言無不誠，故曰善信。」說話，發自內心，真誠、真心。善信，此指「所說的話，人不懷疑。」譬如《金剛經》：「佛是真語者，實語者，如語者，不誑語者，不異語者。」簡單來說，真語者：就是「所言不假」；實語者：內容如實，不會加油添醋；如語者：該怎麼說，就怎麼說；不誑語者：不欺騙人；不異語者：前後一如。何以如此？其中很重要的一點原因就是「真誠」。那這一點與「水的不爭之德」關聯性何在？就在於：合道之人，她／他們說話不是在爭高下，而是在傳遞真理，希望聽的人能因此得到益處，因此所說，會出自於真心。當

然，在這之中，智慧也是相當重要。單有真誠，而智慧不足，也還不行。

「政善治」「為政不爭，則行其無事。故曰善治」於政治上，也不是要爭權奪利，就只是單純地為大局，為大方向，順著宇宙規律而行，也沒有想要去表彰自己，或要什麼功績，只是希望能對得起所處的職位，盡到該盡的職責。這樣可稱為「善於治理」。

「事善能」「為事不爭，則事無不理，故曰善能。」在為人處事上，若能不爭，就比較能夠不帶情緒。凡事心平氣和，依理而說，也不會強迫別人接受自己的意見，這就能不動氣。如此一來，處理事務就不容易慌亂，而能從容應事。就是單純地抱持一個「把事做好」的心，無爭，這樣可稱作「善於處事」。

「動善時」「不爭，則用捨隨時，迫不得以而後動，故曰善時。」不爭，謙和，順著宇宙運行的規律而行，如此一來，不用特意去看什麼黃道吉日，隨時皆吉。如果能達到這樣的狀態，那真的就是所謂的「日吉祥，夜吉祥，日夜六時都吉祥。」

說到這裡，要提一下「冤親債主」，在個人的認知裡，好像只有佛家提到這個觀念。至於道家，至少在《道德經》裡，沒看到這個概念，而「道教」引用了佛家的說法，也有「冤親債主」的概念。至於，基督教、天主教、回教有沒有這個概念，因為沒有接觸，所以也不甚瞭解。但，要說明的有兩點：

(1)「冤親債主」的概念不侷限於宗教

每個人都有其冤親債主，不論在您們的教義裡有沒有提這個概念，或者您是不是有所謂的宗教信仰，每個人都有所謂的冤親債主。除非您已經還清了，並且從此不再負欠了。

(2) 要懂得與冤親債主「解冤釋結、永不糾葛」

「一個人順遂與否，固然與心境有關，所以『落實心性，修改個性』是很重要的。然而，在此之外，與『冤親債主』也有密切的關聯，所以還是要儘量『與冤親債主解冤釋結，永不糾葛』。」

這樣與大家分享，「不是」鼓勵大家非得花錢去參加什麼宗教儀式不可，而是說「各位自己」也可藉由「念咒、行善」回向各人的冤親債主，與祂／她／他們「解冤釋結，永不糾葛」，不一定非得要藉由什麼宗教儀式。也有的冤親債主只是要你一個「真誠的道歉」。每一次來的冤親債主，狀況或有不同，但「真心懺悔、真誠道歉、老實念咒回向……」是基本原則。不要想說自己沒有那個功力，也不要想說自己有那個功力，老實地去做做看，練習看看，培養自己的能力，累積自己的實力。

　　所以說，怎麼樣才能夠「動善時（凡有所動，皆能吉祥）」呢？一、心念要光明正向，心態要好，譬如以「不爭之德」處世。二、要懂得與冤親債主「解冤釋結、永不糾葛」

★公主開示：你提問？
　　我此生這麼順。哈哈哈，天給我一個天羅地網宮，看我能如何？
　　懂紫微命盤的人就知道，出生的年月日時為依據。還完冤親債主，解結之後，人生就順遂了，修

行路亦如此。

新宇宙神權，以功德量和冤親債主，解冤釋
結，永不糾葛。
　　　　──《修行人的導航》（2022年），頁58。

解讀 夫唯不爭，故無尤。

尤，即「過失，怨尤」。「無尤」，就字面來講，
好像是解作「沒有過失」，但，實際上，解作「就能免除
『好爭』的過失」，這樣會比較貼切一點。因為，「好
爭」這是損德的行為，如果能夠「不爭」，當然就能避免
好爭的過失，同時也由於這個「不爭之德」，而能「減少
他人的怨尤」。

9. 持而盈之，不如其已；揣而銳之，不可長保。
　　金玉滿堂，莫之能守；富貴而驕，自遺其咎。
　　功遂身退天之道。

▲ 憨山解：「此言知進而不知退者之害，誠人當知止可也。」

這一章的重點在於「天道忌盈、忌滿。功遂身退天之道」。

解讀　持而盈之，不如其已；揣而銳之，不可長保。

盈：滿。已：停止。揣：藏在衣服裡。銳：尖銳。先從字面簡單解讀。

「持而盈之，不如其已」字詞上的意義就是：「拿持在手上，若過多太滿，不如停止吧。」譬如丈夫和妻子去逛街，假設妻子很喜歡購物，先生雙手已經拿好拿滿了，又不敢責罵妻子，就對妻子哀求說「不如停止了，別再買了吧。」笑～

實際上，這句話不是在指買東西，而是在說「過度」與「知足」。為什麼會「過度、過量」？「貪」，是一個重大成因。之前聽過一個故事，印象中是這樣的：有一個小孩看到家裡有個玻璃罐，裡頭裝著許多可人的糖果。小

朋友就想拿糖果來吃，手伸進去抓了滿滿一把，結果要拿出來時，被瓶口給卡住了。結果他放開手，再次拿取適當的量，就拿出來。什麼事情都「保持中道」，剛剛好就好，太多也不行，太少也不行。

妻子要買衣服，讓她買太多也不行，為什麼？丈夫錢不夠。不讓她買也不行，待會兩口子鬧彆扭。「工作或讀書」和「休閒」也是。光是工作，不知適時休息，那也不是長久之計。貪圖休閒，而放任工作不做，那就不能完成任務。所以「中道」，剛剛好就好。剛剛好，這就是個「尺度的拿捏」。

另外，「持而盈之，不如其已」還有「不自滿」的意思。譬如順境來時，能不能開心？能開心，畢竟「要我們做到如如不動，面對順境或逆境都不動心」，這得練習，一時半刻是做不到的。所以，順境來時，能開心，但不要過度，什麼是過度？開心之後，開始得意起來了；再之後，開始得瑟起來了；再之後，開始傲慢起來了。這就是「盈之──自滿了」，這樣不好。所以，開心一下，感恩有這個順境，這樣就好了，懂得止，不要開始讓自己自滿下去。逆境來時，難過一下，學著不要難過太久，感恩有

這個逆境。

所以，「持而盈之，不如其已」，可以解作「知足」，也可以解作「不自滿」。

★救世主開示：

「本性謙卑、柔軟心、恭敬心才會過關。若是自滿則到頂，就開始走下坡，無法挑戰晉階，位階很快就玩完。而且哪有頂，法界如此浩瀚。過去就過去了，從這世開始。」

「感恩到底，什麼都過了。」

「揣而銳之，不可長保。」揣在懷裡，如果物品太過尖銳，那就可能會刺傷自己，所以無法長期抱持著一個尖銳的物品在胸懷，那會有危險的。這裡也是一則譬喻，藉此形容「心態柔和，不尖銳。」

尖銳，有點像是兩面刃，它刺傷別人也刺傷自己。筆者很慚愧，以前也是很尖銳，不知現在有沒有好一些。有

一次，善知識提醒我：「像刺蝟一樣。」當時，我聽了很
難過，但又無法反駁。後來，慢慢發現：人真的還是要學
圓融。是圓融，不是圓滑。

救世主開示：「一板一眼容易得罪人。」這也不是
要我們沒有原則，而是提醒我們，原則固然要有，但圓融
也很重要。漸漸年紀大了，才體會到「不要與人結怨的重
要」。為什麼呢？因為，一結怨，成了冤親債主，輪迴戲
碼玩不完了。所以，「我們欠人的，儘量還。別人欠我們
的，不要討。」只要我們一傷人，就欠了人，就可能結成
了冤親債主，除非對方不計較，但世間有幾人能不計較，
所以還是不要傷人、不要負欠人為好。又譬如，別人幫忙
我們，而我們不知感恩，這也成了冤親債主。這些都是從
救世主開示中得來的，我也沒這個智慧，藉由這個因緣，
和大家分享。感恩救世主

「說話」也是一樣，不要小看了「說話的智慧」。

「好話一句三春暖，惡語一句六月冬」，有時候，一
句恰當的話、溫暖人的話，可能就救了一個人的生命，也
可能成為一個人繼續走下去的力量。此外，也不要輕易地

指責他人，因為我們不知道別人正遭遇著什麼。有的人，笑笑地跟我們說話，但也許他剛經歷什麼難過的事，只是沒向他人訴說而已。

　　會說話的人（「懂得說話的智慧」的人），可能幾句話，小者化解尷尬，大者甚而化解國與國的戰爭。不會說話的人，小事把它整成大事，又或者時不時刺傷別人，時不時與人結怨，講不定還覺得言語上勝了別人、佔了上風。說實在話，這樣「既結怨，又損德」，一點兒也不好呀。所以，不要當個帶刺的人唷。要不然，常常說要和冤親債主解冤釋結，卻又時不時製造冤親債主。如此一來，「輪迴online」的遊戲，可就下不了線囉。

　　「揣而銳之，不可長保」的「銳」，還可解作「偏激」。心態上若是偏激，那看待事物，都不能持平而論，這樣也不好。所以，還是「保持中道」，合乎天道規律，這樣才能長久。

　　解讀　金玉滿堂，莫之能守；富貴而驕，自遺其咎。

　　這一則很有趣，顯示「道人」與「世人」的觀點不

同。同時，這一則，也是「金玉滿堂」的成語出處。

　　「金玉滿堂」，世人喜歡「金玉滿堂」，道人卻告知我們「莫之能守」。「道人」一詞，在這裡，可以說是老子李聃，也可以說是合道之人。在我們看來，「金玉滿堂」好不好？好啊，怎麼不好，就像有的喜慶場合，會祝賀人家能「金銀財寶滿大廳」，這就是在祝賀人「金玉滿堂」。可是要提醒各位的是：您們學了《老子道德經》很好；想學老子也成為「道人」，這也很好；看到了這一章，也很好。但是，若你去參加喜宴，千萬不要人家在說「金銀財寶滿大廳」的祝賀語時，你在旁邊冒出一句「金玉滿堂，莫之能守」，到時你若被打，我可不負責喔。

　　「莫之能守」，這是說「世人容易執著於對財物的貪戀，但是世事無常，誰又能確保財富的恆常。」譬如：當鈔票遇到嚴重戰亂，可能轉眼就成了廢紙。那有人說：鈔票不穩當，那換成黃金。黃金是相對比較穩當，但真正遇到飢荒，金條也未必能換得一條蘿蔔乾。

　　「富貴而驕，自遺其咎」，「富貴」不是不好，但如果因此驕慢，那就不好。老子形容「富貴而驕」自己就種

下災禍的種子。咎：災禍、過失。所以，是「富貴」的錯嗎？過失不在富貴本身，而在「我們看待富貴的心」。事實上，不論是「因為什麼」而驕，都會引發過咎。所以，徵結點在於「心驕」。所以，因「知識」而驕；因「才能」而驕，因「地位」而驕；因「權力」而驕……，都會「自遺其咎」。

上一章（第8章）說「上善若水」，而本章（第9章）緊接著告知我們「天道忌盈，忌銳，也忌驕。」在在都顯示「謙虛」的重要。

解讀　功遂身退天之道。

我們現在習慣說「功成身退天之道」。遂，就是「成」，完成。每個人來到世間，都是來學習的，各自有各自的任務要完成。但，完成了任務之後，就要懂得「身退」。什麼是「身退」？就是「不要一直執著自己做了什麼」。所以，「功成身退」就是「不邀功」。而「不邀功」，也是一種謙虛，也是練習「無我」。因為有個「我」，才會有「我在邀功」。如果沒有個「我」，那誰在邀功？

110

　　前頭也提及「道」本「無名、無形、無為、無相」，而「功成身退、不邀功」的「無我」，就與「道」的特性相合。

　　但這裡順帶一提的是關於「署名」這個問題。以往曾遇到一個現象，有位同參看到人家完成了一件工作，署上了名，他就覺得對方「好名」。其實，「署不署名」跟「邀不邀功」沒有絕對的關係。如果，「署名」就等於「邀功」，那麼，這些個「在牌匾上題字後，署上自己名號的」，難不成也要認為是邀功或好名？不是這樣的。譬如畫家，創作一幅畫，署上自己姓名，我們不能因此說他好名，這有時也只是在對這幅畫負責而已，表示這幅圖是某某畫家繪製的，如此而已。所以，有時倒不必過於武斷。

10. 載營魄抱一，能無離乎？專氣致柔，能嬰兒乎？滌除玄覽，能無疵乎？愛民治國，能無知乎？天門開闔，能為雌乎？明白四達，能無知乎？生之、畜之，生而不有，為而不恃，長而不宰，是謂玄德。

▲ 憨山解：「此章教人以造道之方，必至忘知絕跡，然後方契玄妙之德也。」。

第10章，我們把它分成三個部分來看。

解讀　（1）載營魄抱一，能無離乎？專氣致柔，能嬰兒乎？滌除玄覽，能無疵乎？

這三句，是在說明「入道工夫」。

「載營魄抱一，能無離乎？」

「營」，舊註為「魂」。營魂，即魂魄。魂動魄靜，動則曰「乘魂」，心擾動而妄想；靜則曰「乘魄」，心闇昧而昏沉。所以，這裡的「乘魂」，有如佛家中所謂的「掉舉」，而乘魄則為「昏沉」，其實就是用不同的名詞來形容。然而，不論是「載營、載魄（乘魂乘魄）」或是「掉舉、昏沉」，都表示「心未能抱一」。

所以重新理解「載營魄抱一，能無離乎？」這句話，就是說：我們「在動中，是否仍能心地寂靜，不會焦躁擾

112

動；而靜時，是否能不因此昏沉。」這有點像是佛家在形
容「真如自性」所說的「照而常寂，寂而常照。」舉個生
活中的例子來說明，譬如開車，若是一邊開車一邊打妄想
或是起煩惱，那就是「照而不寂」，那個心，是擾動的。
但若能一邊開車，心仍然保持安和，縱然遇到前面的車慢
了一點，也不惱怒，那這有點像「照而常寂」。那如果是
一邊開車，一邊打盹，那就是「昏沉」了，這樣變得過於
寂靜而不能常照，如此行車就有危險。

　　當然，這裡舉開車來說，是個譬喻。重點是在說明
「抱一」。「抱一」如果要用現代的話語來理解，或許可
以理解作「專注於當下」，又可解釋為「合乎中道」，心
理狀態是平和的，不會偏於躁動，也不會偏於沉寂，有點
像是「細水長流」那樣的感覺——穩穩的、緩緩的，又不
會過於死寂。

　　而現代有個生活方式叫作「慢活」，因為我們在「現
代化社會的機制裡」經常過得太緊湊了、太緊張了。像有
些學生，說起這個，她們／他們可能心有戚戚，為什麼
呢？從早上上課，一直上課上到放學時間，放學之後可能
還有晚自習或夜間輔導，有的則是另外去參加坊間的補習

或學才藝。當然，能多學些東西，累積能力、實力也不是不好，但或許什麼事都「採取中庸之道」會比較好。而有一些不喜歡過得這麼緊湊緊張的人，就會希望把生活節奏調慢一些，不要過得那麼緊張。

像佛陀就曾經開導過一位出家修行人。這位修行人大概是過於求好心切，結果壓力過大，反而興起了退道之心。釋迦牟尼佛很慈悲，就問他還沒出家前是做什麼行業呢？他回答喜歡彈琴。佛又問他：弦太鬆會怎麼樣呢？他說：發不出聲響。佛再問他：弦太緊呢？他說：聲音就沒有餘韻。佛又問他：琴弦鬆緊適中呢？他說：各個聲音都具備到位了。

於是，佛就藉此開導這位出家弟子：修行也是如此，心如果能調整好，就可以得道。如果過於急躁，則身體（生理上）容易疲累，因此心理就容易生煩惱，那麼心行就生退卻，不能進道。但若心裡能保持清淨、安和、喜樂，就可以持續在道上前行。（典出《佛說四十二章經》）

■ 「乎」：語尾助詞，即現今所謂的「嗎」？

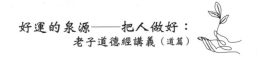

「專氣致柔，能嬰兒乎？」

這裡，憨山法師解說道：「學道工夫，先制其氣不使妄動以薰心，制其心不使妄動以鼓氣，心靜而氣自調柔。」

這可以從兩方面來說：

A. 「專氣致柔，能嬰兒乎？」字面上，如憨山法師所說，「先把氣息調和，不要讓紊亂的呼吸，擾亂了心緒（調順生理，以安定心理）。也讓心思趨於穩定，不過於起伏，讓氣息飽足。心定靜下來之後，自然氣息也隨之調和柔順（調整心理，以安定生理）。」在佛門裡頭，也有所謂「安那般那」的觀息方法，簡言之，即「藉由觀呼氣的出入、冷熱、長短，把思慮收攝回來，專注於呼吸，而讓心理能安定下來。」編者只是曾經聽聞，各位如果想要深入了解的，可以自行找來閱讀。

但是若從這個角度，有時會變成在「練氣」，如果落入「練氣」，可能會與老子所要傳達的理念有所出入，畢竟《道德經》是在說做人的道理，而不是在教我們練

氣。「調息」是一種方法，用意在於「使心安定」。「調息」不是不好，但要留心調息的心態，若切入心態不佳，或其間轉變成過於著重身體，那麼仍然容易被這個物質身體所束縛，並非老子要傳遞給我們的真意。否則，他老人家也不會說：「聖人後其身而身先；外其身而身存（第7章）」了。

B.「專氣致柔，能嬰兒乎？」也可以從「赤子之心」這個角度來解讀。如果說A.這個部分，的重點是在「專氣致柔」。B.這個部分的重點，我們會擺在「能嬰兒乎」，而且會著重於「赤子之心」這個概念。小嬰孩兒，本來就是專氣，本來就是柔和，我們看小嬰兒身軀就是相當柔軟，有些小嬰兒還能用腳夾著奶瓶喝奶，而沒有任何勉強。大概是因為他們心裡至為柔和，因此身軀也綿綿軟軟，而這也是「赤子之心」作用。所以，在這個「赤子之心」的前提下，在「專氣致柔」的解讀上，就比較傾向於「把我們的內心調柔，恢復到原來像小嬰兒一般柔和的狀態。」而「真摯、自然」就是小嬰兒的特性，也就是「赤子之心」。

以上，從兩個角度來解讀。應該兩方面都是說得通

的。

「滌除玄覽，能無疵乎？」

「滌除玄覽」講的是「掃除執著」，掃除什麼執著呢？掃除「對前面抱一專氣工夫的執著」。也就是說，已經漸漸做到前面的「抱一」與「專氣致柔」兩個工夫了——能夠安住中道，專注於當下，不會因此掉舉（乘魂）或昏沉（乘魄），也能夠使「心緒和氣息歸於平和」，慢慢達到一個玄妙的狀態。這裡的「玄」指的是「一般人尚未達到的狀態」。因為未達到，所以對「我們這樣未達到那個狀態的人」是奧妙不易理解的，因此稱作「玄」。

照理說，這樣應該是滿好的狀態，但問題出在哪裡呢？老子點開這個盲區，告訴我們：這是「玄覽」。什麼是「玄覽」？就是執著「有一個我做到、我達到這個玄奧的狀態了」。老子提醒我們，把這個想法丟掉，不要執著於那樣的想法。就像小嬰兒，心裡柔和，身軀柔軟，小嬰兒自自然然就是這個狀態，他們也沒有一個「我是小嬰兒，我有這些狀態」的念想。

「覽」通手字旁的「攬」，抱持著不放。「疵」，毛病、缺點。所以，「滌除玄覽，能無疵乎？」是老子提醒這些已經漸漸掌握「抱一專氣工夫」訣竅的修行人：是不是已經掃除「認為自己已經做到抱一專氣工夫」的執著了呢？

　　而這就是一種「海印放光」的概念。

　　也就是達到很好，但「不要放在心上」，不要攬在心裡反而成為一種執著。這個執著，就像鏡上的灰塵，影響鏡子照映萬物。像廣欽老和尚認為「我沒有做什麼」就類似這個意思，那得要心裡／心底一絲毫那樣的念想也沒有才行。如果是想法裡「以為自己沒有做什麼，以為自己已經放下那樣的念頭了」，但心底（心靈深處）沒真放下，還是不行。

★ 公主開示

　　海印放光：做過的事不著心。

　　單純地為大方向付出，不求回報，不放心上。

　　了塵勞讓心，海印放光，即心將所做的一切不著心。

有本事卻不宣揚即真功夫，調整心境即踏上修行路。不計較做了多少，做了即不著心。

衣服穿得得體就好，學著看淡柴米油鹽醬醋茶，也不是說不做，而是別放心上，不然就會變成塵勞，不放心上即可達「海印放光」。

佛經上寫的無我相、無人相、無眾生相、無壽者相就可讓你想一輩子了。

解讀　（2）愛民治國，能無為乎？天門開闔，能為雌乎？明白四達，能無知乎？

這三句，是在說明「道之用」，而其重點都在於「忘跡」。

「愛民治國，能無為乎？」

君王或執政者，乃至一個公司的老闆，一個機構的領導者……，是不是能夠順應著天道行事，而不認為自己做了什麼呢？愛民治國，但不認為自己在愛民治國，「不認

為自己做了什麼」，這就是「無為」。何以「無為」，認為「就只是順天行事而已」，做得好是天地慈悲，百姓願意配合，這樣就能不邀功，就能無為。

「天門開闔，能為雌乎？」

「天門」，憨山法師解為「天機」。「開闔」，出入應用。

「雌」，物之陰也，陽施陰受，引申為「留藏」。但這樣講，我們還是不大理解。

或許我們可以理解為：「天道在運行，是很純粹直接的，沒有機巧、沒有人為的拐彎抹角。」把這原則應用於人世間，就是直心、真心、真誠。但這也不是要我們什麼話、什麼事情都毫無保留，而是強調真誠。而「真心、真愛、真性情、真修實練」，正是下永恆新宇宙的精神。

■ 天機，通常比喻自然界的祕密，也比喻重要而不
　可泄露的祕密。出自《莊子·大宗師》：「其耆
　（音：齊）欲深者，其天機淺。」

「明白四達，能無知乎？」

「明白四達」即「智無不照」。如果能夠達到「智無不照，了解很多事理」的時候，是否還能保持著謙卑，內斂含光，不自矜誇。

解讀　（3）生之、畜之，生而不有，為而不恃，長而不宰，是謂玄德。

這裡的重心在「玄德」。

宇宙天地生成化育萬物，長養滋潤眾生，但宇宙天地沒有因生育萬物而認為萬物為己所擁有；不會因為對眾生產生施為之用，而認為自己有功；亦不會因為長養萬物，而產生一種宰制萬物或眾生的念想。老子告訴我們這就是「玄德」。「玄德」，我們不妨把它解作「相應於宇宙真理的德性」。

11. 三十輻，共一轂，當其無，有車之用。
　　埏埴以為器，當其無，有器之用。

鑿戶牖以為室，當其無，有室之用。

故有之以為利，無之以為用。

▲ 憨山解：「此言世人但知有用之用，而不知無
　　用之用也。」

這章在說明「空」的妙用。

解讀　三十輻，共一轂，當其無，有車之用。埏埴以
　　　為器，當其無，有器之用。鑿戶牖以為室，當
　　　其無，有室之用。

「三十輻，共一轂，當其無，有車之用。」古代的輪
子有的是木造的，不像現代是鋼圈橡皮。轂，是車輪中心
的圓木。輻：是連接車轂和輪圈的直木，而這三十隻直木
要怎麼連到圓木呢，得要靠著轂上的凹槽。正因為有轂上
的凹槽，所以才能連接這三十隻直木，進而使車輪結構完
整，而產生車子能行走的功用。

另外，老子舉的「埏埴以為器」以及「鑿戶牖以為
室」這兩個例子也是同樣意思。陶器等器具，因為中空，

而有盛物之用。一個房間，因為有留了門和窗，所以才有了可以進出、居住的作用。這都是有了「空間」，因此才有了「容納、生成」的作用。譬如麵團發酵，也要給它空間。「人前留一線，日後好相見」，人與人相處也是互相留有一個空間，什麼事剛好就好，不足固然不好，但太絕也是不好。

■ 輻：車輪中連接車轂和輪圈的直木。
■ 轂：ㄍㄨˇ，車輪中心的圓木。
■ 埏埴：ㄕㄢ ㄓˊ，用水和泥來製作陶器。
■ 戶牖：ㄏㄨˋ ㄧㄡˇ，門窗。

解讀　故有之以為利，無之以為用。

所以，「有」有它的作用，「無」也有它的作用。就像前面的例子，一個陶器，這是「有」。裡面中空，這是「無」，兩個配合起來，就有了「盛裝物品」的作用。

如果，視「萬物」為「有」，這個「虛空的空間」為「無」，因為「有萬物」而讓我們感受到「虛空的作用」，而因為「虛空的容納」而讓「萬物得以存在、生

長、活動」。

如果，要把這個觀念用於「做人的道理」，大概就是「留個餘地」。譬如，關於「冤親債主」，我們會希望我們的冤親債主不要再向我們索討，但反過來，我們捫心自問：「我們願不願意也留給我們的冤親債主一條路，不要再向他們追討了呢？」

12. 五色令人目盲；五音令人耳聾；五味令人口爽；
    馳騁田獵，令人心發狂；難得之貨，令人行妨。
    是以聖人為腹不為目，故去彼取此。

    ▲ 憨山解：「此言物欲之害，教人離欲之行
       也。」

    解讀 五色令人目盲；五音令人耳聾；五味令人口
         爽；馳騁田獵，令人心發狂；難得之貨，令人
         行妨。

五色、五音、五味，乃至馳騁田獵，以及難得之貨。

指的都是外在境界。「為腹不為目」可以說是拿食物來舉例，吃飽就好，不去在意食物的色香味。但往深裡去說，也可以說是著重內涵而不重形式。

「去彼取此」即遠離貪欲之害處，而修離欲之行。

「口爽」，這裡的「爽」字，指的不是愉悅，而是採「失去」的意思，譬如「爽約」即失約。「五味令人口爽」指的是：各種味道雜陳，反而失去真味、原味。

解讀　是以聖人為腹不為目，故去彼取此。

　　這裡是拿「食」來做說明。「是以聖人為腹不為目」就像食物，合於道的人，不會去在意色香味是否俱全，對他們而言，吃飽、能果腹就好了。那個對物質或欲望的享受是很低的，不會貪染於享受。這不是說，聖人就不能吃美食，而是說他們不會執著於「要吃美食，或去追逐美食」，有因緣，也隨順因緣吃一下，吃過就好，不會一直惦念不忘。惦念不忘，就是一種執著。這些觀念說起來，都不難理解。但是，真正要做到，卻也是需要實際去練習的。

所以說「去彼取此」，簡言之，就是「去除對世俗的貪染（去彼），而取合乎宇宙運行的規則而行（取此）」。而用比較現代的話說，就是「維次的揚升，心靈層次、修行領域的提升」。

13. 寵辱若驚，貴大患若身。何謂寵辱若驚？
    寵為下，得之若驚，失之若驚，是謂寵辱若驚。
    何謂貴大患若身？
    吾所以有大患者，為吾有身，及吾無身，吾有何患？
    故貴以身為天下，若可寄天下；愛以身為天下，若可託天下。

    ▲ 憨山解：「此言名利之大害，教人重道忘身以祛累也。」

這一章，談的是「寵辱」、「身」的關係。又隱含著「無私、無我」與「經世／治理天下」的關聯性。

解讀　寵辱若驚，貴大患若身。何謂寵辱若驚？

寵為下，得之若驚，失之若驚，是謂寵辱若
驚。

「寵辱若驚」，「寵辱」在此句裡是個偏義詞，它的
意思重在「寵」，亦即尊貴光榮，譬如「恩寵、榮寵」。
「驚」，內心不安害怕。「貴」，身分尊高。

整段解讀一下：「外在的恩寵、榮寵」就像讓人驚
惶不安的東西，而「尊高的身分」就像身體一樣，是個大
大的隱憂。為什麼稱作「寵辱若驚」？「寵為下」，這指
「寵，不是一件值得追求的事」。因為容易會「患得患
失」──得到寵愛、榮寵，則有「擔心會失去」的恐懼；
沒得到時，有得不到的憂患。所以說「寵辱若驚」。

解讀 何謂貴大患若身？
吾所以有大患者，為吾有身，及吾無身，吾有
何患？

什麼稱作「貴大患若身」？就是說「我們人之所以有
巨大的憂患，是因為我們有這個身體，如果我們沒有這個
身體，那我們有何憂患？」

以上，是從字面簡單解讀。這段的重點其實就在「對於身體的貪戀與執著」。如果用佛家的語言，或許可藉用「身見」這個詞來指稱，就是執作這個肉身為實有的意思。

我們活在這個世界上，的確為了這個身體受了不少罪苦。譬如：常常要溫飽肚子來維持這個身體的運作。

常常隨著天氣的寒熱就要為它增減衣物。

有時受了個傷、患了個病，就得去調理它。

為了它的享受，我們勞苦地工作。

因為身受的享受，讓我們心靈容易迷於追逐這些享受。

貪愛這個身體，讓我們不容易提升我們的內在層次。

年老時，又得面對身體機能的種種衰退。

執著這個身體，也讓我們在死亡時，產生許多痛苦或阻礙。

總之，我們人生很多的憂患，是出於對這個身體的貪愛與執著。又譬如像懼高症。為什麼會懼高？因為，心裡知道從高的地方跌下去，身體會受傷、會痛、甚至我們可能會死亡。所以，從這些角度來說，身體成了我們一個巨大的憂患。像廣欽老和尚就以「人身劫」形容這個狀態。

因此，老子認為：如果我沒有這個身體，那就沒有這些憂患。然而，重點是，我們行走在這個世間，又不能沒有這個身體。所以，有人就提出了「藉假修真」的概念。「真」，還是指向「宇宙運行的規律」，此即「真理」，對這真理體證愈深，當然就代表修行領域愈往上提升。所以，對於這個身體，也是儘量保持中道。懂得珍惜有這個身體但不執著，因為，它讓我們得以在這個地球進行體驗，讓我們能來此學習，來完成各自的任務，從這個角度說，要珍惜，要感恩。但也要了解「這個身體是我們的隱憂」，不要過於在意這個身體，甚或變成一種貪戀執著。

　　解讀　故貴以身為天下，若可寄天下；愛以身為天
　　　　　下，若可託天下。

　　憨山法師對此註解為「唯有道者，不得已而臨蒞天下，不以為己顯。雖處其位，但思道濟養生，不以為己榮。此則貴為天下貴，非一己之貴。如此之人，乃可寄之以天下之任。然有道者，處崇高之位，雖愛其身，不是貪位慕祿以自保。實所謂衛生存身以行道。則是愛身，乃為天下愛其身，非私愛一己之身。如此之人，乃可託以天下之權。」

老子這一段話很有意思，憨山法師解得也很好。我們先簡單用白話解讀一下：

　　「故貴以身為天下，若可寄天下」：只有合於道的人，由於因緣的關係（不是他自己去爭來的）而處於顯貴的地位。但，雖處高位，卻不因此認為自己顯耀，也不認為自己高高在上。而能以「合乎道的方式來普濟群生」，這就是「貴為天下貴」。意思就是，因為「大公無私」，且又願意「以道，普濟群生」，因此，「這個人的貴」就等同於「天下人的貴」。這是因為「他會善用他的地位，來為天下人謀福利」的緣故。所以，這樣的人，可以把「照顧天下的責任」寄望在他身上。

　　「愛以身為天下，若可託天下」什麼稱為「愛以身為天下」？就是一個合道之人，她若「珍惜己身的原因，是為了天下蒼生」，那這樣的人，可以將天下託負給她。換句話說，這位合道之人，是為了「顧全大局」，而愛惜這一個「有用之身」，而不是為了滿足私欲而養身。

　　本章一開始說這章很有意思，究竟有意思的地方在哪裡？在於「若可寄天下」和「若可託天下」。

有意思的地方在於「是誰寄之以天下？是誰託之以天下？」世人一談到「天下」這個詞，往往就會聯想到人世間的君王、執政者，然而實際上，在另一個層次來說，未必如此。像地球有地球的輪值佛，祂們能夠管理地球的神權。如果我們把「天下」一詞的涵義，從一個「國家」擴展為「整個地球」，那麼，真正管理地球的是輪值佛，而不是人間的君王。換言之，從表面上（目前地球人的理解中）來看，好像地球上有各個國家，有各自的君王或執政者。但若從「神權」的角度來觀察，真正的管理者，其實是輪值佛。如此說來，是「誰」寄以「輪值佛」天下，託以「輪值佛」天下呢？從這個觀點來觀察，宇宙真的相當相當浩瀚呢。

　　再講回人世間，如果這個「天下」是指一個國家或城邦的話，那麼是什麼樣的人值得寄託呢？就是「以身為天下」的人，也就是「去私存公」的人，就是「無我，單純為大方向著想的人」。

　　而上述這個概念，對我們的啟發在哪裡呢？就在於「我們都是地球人，守護好地球，是我們共同的責任。我們來到這個星球學習，雖然每個人的任務或工作不同，想

要學習或圓滿的課題也不同，但既然大家有緣來此相聚，不妨就學習成為一位無我，而單純為大方向著想的人。一方面完成我們各自的任務，一方面也守護好這個讓我們得以有學習空間的地球。」

14. 視之不見，名曰夷；聽之不聞，名曰希；搏之不得，名曰微。此三者不可致詰，故混而為一。
其上不皦，其下不昧。繩繩不可名，復歸於無物。是謂無狀之狀，無物之象，是謂惚恍。
迎之不見其首，隨之不見其後。
執古之道，以御今之有。能知古始，是謂道紀。

▲ 憨山解：「此言大道體虛，超乎聲色名相思議之表，聖人執此以御世也。」

解讀　視之不見，名曰夷；聽之不聞，名曰希；搏之不得，名曰微。此三者不可致詰，故混而為一。

這章前頭都在形容「道體」。說「道」有個體，但

它其實也沒個體。為什麼呢？因為它「看不見、聽不著、摸不到」。「夷、希、微」是古時的用語，即「無色、無聲、無相」，就是「看不見、聽不著、摸不到」。所以憨山法師用「大道體虛」來形容，像虛空一樣。譬如「空間」，一間屋子，因為有牆，所以我們認為「它有空間」。但世界呢，宇宙呢，虛空呢？它是什麼狀態而讓我們認為、感到「它是虛的、它有空間」呢？如此說來，道，真是「無色、無聲、無相」，而且又「不可思議」呢。

而道體「無色、無聲、無相」的三種特性又「混而為一」，也就是說，我們「沒有辦法」把道體「拿出來」，然後說：「嗯，這個部分是無色，這個部分是無聲，另一個部分是無相。」這三個特性是密不可分的，描述的時候，可以分成三個特性來理解，但真要我們拿，卻是拿不出來的。

有點像是慧可法師去找達摩祖師說「我心不安，請幫我安心。」

達摩祖師說：「把心拿出來，我幫你安。」但慧可法

師怎麼也拿不出來。為什麼呢？因為，本來就沒有，要怎麼拿呢？

Q. 有一次一位居士請示救世主：「我淫欲心比較
重，怎麼辦？」

★ 救世主開示：「慧可去請達摩祖師替他安心，拿
不出來。本來就沒有嘛！」

■ 夷、希、微：夷，無色，視之不可見。希，無
聲，聽之不可聞。微，無相，取之不可得。
■ 致詰：思議

解讀　其上不皦，其下不昧。

若拿《心經》來對照，有助於幫助理解這句。

《心經》云：「舍利子，是諸法空相，不生不滅，
不垢不淨，不增不減。」這是用「生滅、垢淨、增減」來

形容「諸法空相」。而《道德經》的「其上不皦，其下不昧」則是以「明暗」來形容「至虛的道體」。如此看來，「諸法空相」與「大道體虛」就產生某種關聯性。

正如救世主所開示：「真理，誰來說都一樣，只是人事物的不同。」

■ 不皦：不明

解讀 繩繩不可名，復歸於無物。是謂無狀之狀，無物之象，是謂惚恍。迎之不見其首，隨之不見其後。

理解了前頭的意思，「繩繩不可名，復歸於無物。是謂無狀之狀，無物之象，是謂惚恍。」這幾句也就不難理解了。

這就是在形容道體的作用是綿綿不絕的，但它又是沒有辦法用言語名詞來完全概述的。雖有作用，但又拿不出一個所謂的「道體」，因此說它復歸於無物，因為本來就什麼都沒有。如此無形無象的「道體」，它存在，但又

沒有辦法很明確地有個形象，這是一種混融的感覺，有點「說不清、講不明、拿不出」，但又感到「它有一種很深厚的能量蘊藏在其中」的感覺。

　　所以，「道」對我們而言，不好說。它不像是個有形體的物質，譬如以前在學英文，老師拿了一枝筆，或指著圖片上的蘋果說「This is a pen. This is an apple.」。但對於既「無色、無聲、無相」，而且又「不可思議」的「大道」，我們要怎麼拿出「一個道體」，然後說「這就是大道」呢？何況，連筆或蘋果都也只是一個「暫存的狀態」，譬如蘋果，我們今天把它吃了，眼前的蘋果就「消散了」，何況是如此至虛的「道」。

　　「迎之不見其首，隨之不見其後。」憨山法師解為「前觀無始，後觀無終」。這就是在說時間，在這概念裡，道也「超乎我們對於時間的概念」，往前去推，推不出一個「道從何時存在」；往後去測，也測不出一個「道將何時消亡」。如此看來，「**成住壞空、生住異滅**」均在道中。道，是一種宇宙運行的規律、軌則。

　　■ 繩繩：綿綿不絕

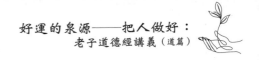

■ 惚恍：ㄏㄨ ㄏㄨㄤˇ，混沌不清。

> 解讀　執古之道，以御今之有。能知古始，是謂道
> 紀。

　　第14章的前頭都在講大道的奧妙，而最後一段「執古之道，以御今之有。能知古始，是謂道紀。」則是在說得道者的狀態，也就是符合天道的運行，依著天道、正道、宇宙法則而行，那麼就能「御今之有」——把現代的事做好，或解作「把當下的事做好」。

■ 道紀：紀，綱，維繫網的粗繩，引申為秩序、法紀。道紀，或可理解為宇宙法則。

15. 古之善為士者，微妙玄通，深不可識。夫唯不可識，故強為之容。
　　豫兮若冬涉川；猶兮若畏四鄰；
　　儼兮其若容；渙兮若冰之將釋；
　　敦兮其若樸；曠兮其若谷；混兮其若濁；
　　孰能濁以靜之徐清？孰能安以久動之徐生？

保此道者，不欲盈。夫唯不盈，故能蔽不新成。

▲ 憨山解：「此言聖人體道深玄，故形神俱妙。
人能靜定虛心，則故有常存也。」

解讀 古之善為士者，微妙玄通，深不可識。夫唯不
可識，故強為之容。
豫兮若冬涉川；猶兮若畏四鄰；儼兮其若容；
渙兮若冰之將釋；敦兮其若樸；曠兮其若谷；
混兮其若濁。

對於有道之士，符合天道而行的人，我們一般人是
看不出來的。因為不易識別，所以勉強藉著一些特徵來形
容。譬如有道之人的行動是從容不迫，他的威儀肅然可
敬，其氣融和可親愛，外貌敦厚樸實，內心空曠寂定，行
跡和光同塵。

這樣的人不會躁進，一般人對於世間是汲汲營營，但
合乎道而生活的人，則能夠安定自守。縱然有機會將所知
所學應用於世間，但仍是謙卑而行。

- 其行動縱容不迫（豫兮若冬涉川；猶兮若畏四鄰）
- 其威儀肅然可敬（儼兮其若容）
- 其氣融和可親愛（渙兮若冰之將釋）
- 其外貌敦厚樸實（敦兮其若樸）
- 其內心空曠寂定（曠兮其若谷）
- 其行跡和光同塵（混兮其若濁）

> 解讀　孰能濁以靜之徐清？孰能安以久動之徐生？保此道者，不欲盈。

因此老子反問我們「孰能濁以靜之徐清？孰能安以久動之徐生？」誰能內自寧靜讓濁心慢慢澄清？誰能安定自守、耐久不躁，而待時順勢而生呢？

所以後頭接者說「保此道者，不欲盈。」安守這個宇宙運行規則的人，知止知足，不會自滿，合乎中道，不會過度。由於如此，也就不會汲汲營營於世事，不會產生要爭什麼的心理。

這與我們一般世間人的想法是很不一樣的。像學生，

可能就比較誰考第一名，誰分數幾分……，在這樣的學習環境下，難免會生出比較競爭的心理。所以，可以看出現前的社會機制，與那種知止知足、安定自守、順勢而為的情形是很不同的。但很奇特的是：「知止知足、安定自守、順勢而為」是順應天道，那何以人們會趨向於「欲盈、馳騁功利」呢？這應該就與《道德經》後頭將會提到的「智」有關了，而這個「智」指的「不是智慧」，而比較像是「小我」、「機巧」。這就留待後頭再說。

解讀 夫唯不盈，故能蔽不新成。

「敝」，故敝，舊有的東西，也可說是「已經有的東西」，譬如我們現前受用、使用的都可稱作「敝」。「不新成」，不會再去追求新的東西、另外的東西。

為什麼能使用舊的東西，而不會一直去追求新的物品呢？就是因為「不盈／知止知足」。打個比方，如果我們獨自住在一座沒有其它人的荒島，我們會去想著打扮或添新衣服嗎？基本上不會，為什麼呢？因為「女為悅己者容」。在荒島上沒有其它人，妝扮或新衣都沒人看。所以，基本上，我們是「在群體當中」，別人的目光底下

「在分別比較、較勁……」。如果只有一個人獨居荒島，沒得比較，也沒有那悅己者、惡己者……這樣就相對自在了。

但，值得我們反思的是：為什麼在群體之中，就不能自在些呢？或者就不能用「分別比較之外的觀點」過生活呢？依不一樣的觀點過活，譬如「互利共生、互愛互信」等。

而第15章就是在說這樣的觀點或生活方式，即一個順著天道運行的生活方式。

★ 救世主：「夠用就好」

16. 致虛極，守靜篤。萬物並作，吾以觀復。
夫物芸芸，各復歸其根。歸根曰靜，是謂復命。
復命曰常，知常曰明。不知常，妄作凶。
知常容，容乃公，公乃王，王乃天，天乃道，道乃久，沒身不殆。

▲ 憨山解：「此承上章要人作靜定功夫，此示功
夫之方法也。」

解讀 致虛極，守靜篤。萬物並作，吾以觀復。
夫物芸芸，各復歸其根。歸根曰靜，是謂復
命。

　　心如鏡照物，過即不存，由不存故，乃至虛極，廓
然無物。靜不妄動，心安自得。縱萬物並列於前，變化萬
千，總能觀其本來空寂面目，即是復命，即是回歸自性。
以觀其本來，而如其本來。

解讀 復命曰常，知常曰明。不知常，妄作凶。

　　由於內心、外物均回歸自性，故合常道，因此明而不
暗，能依道而行。反之，逆道者，隨妄心而妄作，故凶。

解讀 知常容，容乃公，公乃王，王乃天，天乃道，
道乃久，沒身不殆。

　　知萬物同根，本是空寂，乃物我一也，故能容。容

則公心無私，以王天下，王天下者，未必於世稱王，乃於已稱王。何謂於已稱王，戰勝己之習氣私欲者也，由勝己故，乃合於天，合乎道。由合道故，肉身縱易，靈覺常存。

17. 太上，下知有之；其次，親而譽之；其次，畏之；其次，侮之。
信不足，焉有不信焉。猶兮，其貴言。功成事遂，百姓皆謂我自然。

▲ 憨山解：「此言上古無知無識，故不言而信。其次有知有識，故欺偽日生。老子因見世道日衰，想復太古之治也。」

第17章，可用「世風日下，人心不古」來形容。也就是說從太古、上古以下，人心漸漸沉淪。

解讀　太上。

太古、上古，人與道合。

那麼「人與道合」是什麼狀態呢？譬如有一位小朋友，從來沒喝過奶茶，也不知道什麼是奶，什麼是茶，你拿一杯奶茶給他喝，他認為這就是「一杯飲料」。對這位小朋友來說「這杯飲料裡的奶與茶是全然地融合為一」，不單只是物質上的融合為一，連概念上也是融合為一。為什麼？因為他完全沒有「奶」和「茶」的概念。對太古上古的人而言，「人與道合」就有點類似於「這杯奶茶之於這位小朋友」。

　　又譬如念佛念咒，為什麼有一個「我在念咒的念頭」呢？因為還未念到完全專一，還未念到咒與我合一。但若念到專一，佛號或咒與我融合為一時，便沒有一個「我在念咒」的念頭，人與道也是如此。

　　就老子所述，太古、上古時期，人與道合，沒有一個「我在行道」的念頭，但心與行卻是冥然與道相合，也就是說，我生活在道中，道藉由我而體現，人與道一如、無二。

　　解讀　下知有之。

但其後，則人知有道，由於人知有道，表示人與道已漸漸疏離，所以我們覺得別有一個道。

解讀 其次，親而譽之；其次，畏之；
其次，侮之。
故信不足，有不信焉。

再其後，人開始想要親近這個道、讚嘆這個道，這表示什麼呢？表示人與這個「道」又遠了一些。

再其後，人開始對這個道產生畏懼心理，因為愈來愈不理解了。再其後，對道產生輕慢的心態。

再其後，執政者也不相信有一個所謂的「道」，在下位者往往也隨之不信了。

解讀 猶兮，其貴言。

猶兮，不同的版本所用的字不同，譬如有的寫成悠兮。也有作猶呵、猷呵。這裡還是採憨山法師註解本上的用字，即「猶兮」。

猶，據說是一種相當謹慎的猴類，要下樹時，若周遭有什麼風吹草動，或聽到人聲，就又溜回樹上了。有人形容這是生性多疑，也有人認為是謹慎。那麼「猶兮」放在這句裡頭，我們採「謹慎」這個意思會比較貼切。

　　老子對於這個「世風日下，人心不古」的現象提出什麼解套方法呢？**「猶兮，其貴言」**。這就是說「上位者要更加謹慎，要看重自己的言語」。而這句話隱含的意思就是「上位者自己要相信『道』，不要再不信了。」這就是期許在上位者以身作則，由上位者開始相信「道」，並且尊重宇宙法則，而來帶動人民也相信。

　　同時，也是鼓勵在上位者能夠「內聖」，也就是第14章所說的**「執古之道，以御今之有。能知古始，是謂道紀。」**得先按照著「太古上古之前早已運行的道」來行持，依這個道來處理現今的事務，協助人民重回那種與道合一的心靈狀態。

　　解讀　**功成事遂，百姓皆謂我自然。**

　　依著「宇宙運行的規律」來處理政務，如此一來，工

146

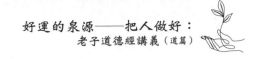

作完成了、政務處理妥當了、圓滿了，而人民百姓也覺得很自然，沒有「怨聲滿道」的情形。

18. 大道廢，有仁義；智慧出，有大偽；
     六親不和，有孝慈；國家昏亂，有忠臣。

▲ 憨山解：「此承上章言世道愈流愈下，以釋其次親之譽之之意也。」第18章與第17章，是相同的邏輯概念。

■ 大道廢，有仁義；智慧出，有大偽。

為什麼有聖賢開始講仁義道德呢？因為人民開始不依道而行了。

為什麼開始強調智慧呢？因為世間虛偽，得用智慧去判斷真偽了。如果世間一片純真，哪裡需要去分判真偽呢？

講到這個，簡單和大家分享一個曬蠟燭的公案。

有一位法師法號叫作「持律」。這位持律法師很老實，但有的人卻稱他曬蠟的法師，意思就是在嘲笑他。為什麼這樣稱他呢？有一年的農曆六月六日，依照慣例，該寺院裡會曬經，有一位小侍者很調皮，想要戲弄這老實的持律法師。就對他說：「香燈師！今天六月六，大家都曬東西，你的蠟燭快長黴啦！還不拿出去曬曬嗎？」持律師太老實，真的把蠟燭拿去曬。曬了一天，一罈子蠟燭都被曬溶了。因此有的人就戲稱他為「曬蠟的法師」。然而，後來持律法師因為他的老實與努力不懈而修行有成。這樁事記載於倓虛法師著的《影塵回憶錄》，這裡只引了前半段，原文全篇很精彩，可以找來看。

引述上面這個公案的用意在於說明「智慧出，有大偽」。人與人之間互相信任，本來是很自然的事，就像公案裡的持律法師，他就是很單純地信任著人。但為什麼現在的人不太敢信任別人，就是因為世間出現了像這公案裡的侍者，把愚弄別人當有趣。此外，世間也有一些存惡心欺詐別人的，譬如「碰瓷、詐騙集團」等。如果人人都真誠無偽，說什麼就是什麼，也不亂開人玩笑，也不去欺詐他人，那我們在聽人說話時，就省去了「判斷這人講話是真是假」的心力，這樣豈不人人都輕鬆多了呢？所以，為

什麼要用智慧去判斷，因為世間人開始出現虛偽不實的情況了。

解讀　六親不和，有孝慈；國家昏亂，有忠臣。

為什麼強調孝與慈呢？因為六親中出現了不合的現象。

為什麼會強調忠臣的重要或標榜忠臣呢？因為，開始「君不君，臣不臣」了，如果君是明君，而臣個個都是忠臣。那麼何必去標榜誰是忠臣呢？

延伸來看，為什麼說「心、佛、眾生，本無差別」，因為心迷了，所以是眾生；因為心覺了，所以成佛。如果，心靈靈覺覺，佛靈靈覺覺，眾生也由迷回復為靈靈覺覺，那又何須去分別「何者是心，何者是佛，何者是眾生」。

19. 絕聖棄智，民利百倍；絕仁棄義，民復孝慈；絕巧棄利，盜賊無有。此三者以為文不足。故令有所屬：見素抱樸，少私寡欲。

▲ 憨山解：「此承前章而言智不可用，亦不足以治天下也。」按照憨山法師的註解，第19章在解釋第18章的「智慧出，有大偽」。但這裡得謹慎地去理解，不然容易產生誤會。

在說明這章之前，我們得重溫一下《道德經》的重點在於「合乎大道、無為而治」，所以，不強調「人為的智」。「人為的智」與現代說的「智慧」內涵不同。

譬如人與人相處，坊間也有一些關於「說話技巧」的書籍或教學，那些偏向於「人為的智」。如果，人與人相處，能有「由內而發的真誠」，說實在話，不用特別去學習什麼「說話技巧」。我曾遇過一位韓國法師，一開始我對他的印象是太過嚴謹，好像很難親近。但有一個因緣，我與他談話之後，對他改觀了。在那次的對話當中，他告訴我：「他一分一秒也不浪費。因為他不像我們本地的法師，他回韓國之後，可能得自立，不一定會住在僧團，他希望到時如果有居士來請問佛法時，有東西（指佛法）可以給人家。」所以他說：「他的時間很寶貴，不太會主動去找人交談。但如果有因緣，有人來找他談話，他一定拿真心來招待。」我聽著他的分享，看見他的一派真誠，說

實在話，深受感動。這就是「真心的力量」。與下永恆新
宇宙的精神「真心、真愛、真性情、真修實鍊」相呼應。

　　所以，第19章不難理解，講的還是那「最初最初、
合乎天道運行、無私無我、樸實不加文飾的『真』。」

　　解讀　絕聖棄智，民利百倍；絕仁棄義，民復孝慈；
　　　　　絕巧棄智，盜賊無有。

　　不刻意以「聖智」治政，無為而治，這樣一來，是
更有益於人民的。不特意標榜仁義，讓人民重新回歸到孝
順與慈愛當中。揚棄機巧或世智，也因此讓盜賊消失蹤跡
（「絕巧棄智」這句，有的本子寫作「絕巧棄利」）。說
實在話，這樣單從字面解讀，我們看不太出其中的關聯
性。

　　譬如，為什麼「絕聖棄智」能使「民利百倍」？「絕
仁棄義」會造成「民復孝慈」？而「絕巧棄智」會致使
「盜賊無有」？雖然老子這麼說，但是Why？為什麼？其
中的關聯性為何？或許，我們先把下一段看過，再回來理
解，會更清楚些。

解讀 此三者以為文不足。故令有所屬：見素抱樸，少私寡欲。

「**此三者以為文不足**」，「此三者」就是指上面所說的「聖智、仁義、巧智」。「以為文不足」應該是指「以之為文，是不足以治理天下的」。「文」，文飾，譬如以人為的方式，加以繪製文彩或雕刻。而此處是說「聖智、仁義、巧智」其實是一種「類似於文飾」之作用，也就是說這些是「刻意為之的」，是「有為」的。

打個比方，可能比較容易理解，就好像父母在養育孩子，以前，在一般人印象裡，「醫師、律師、老師」這幾個職業算是滿好的職業，現在不曉得還是不是。那時，有的父母就特別特別希望子女從事這些職業，就特意培養子女「朝這些職業發展」。如果子女有這方面的才能，本身也有意願，當然親子之間就處得很好，相安無事。

但，如果子女對這幾個職業沒有興趣，或其能力不足以支撐他們從事這些工作時，子女就會過得很不快樂。譬如有的人就喜歡路邊開個小店，也不在意賺多賺少，能維持生活就好，有閒錢可能就旅行到處走走看看，也有人覺得這樣很快樂。如果子女是這樣的個性，我們硬要他們去

當「醫師、律師、老師」，那反而不是他們理想的生活。
而此時，「父母的特意培養」反而成了一種「人為的文
飾」，也就是說，這反而阻礙了孩子的「適性發展」。

老子所說「絕聖棄智，民利百倍」等「治政方式」
也類似這個意思。他的重點，其實「不在於絕棄聖智、仁
義、巧智」，而在於「合道而行」──也就是待會要說的
「見素抱樸」。

所以「故令有所屬：見素抱樸，少私寡欲」這才是第
19章的重點。這段話就是「讓人民的心靈重新回歸到恬
淡樸素，少私寡欲的狀態」，而這就是「合乎於道」的一
種狀態。人們心靈回到純樸自然、少私寡欲，其實也不用
「聖智、仁義、巧智」等來治理政事了。這有點「樹頭站
予在，毋驚樹尾做風颱」（樹根穩了，不擔心樹梢有颱風
來臨）的意味，把「根本、重點」做好，其它就會「自然
運行」，就像帶有齒輪的那種鐘錶，大齒輪一轉動，帶動
著小齒輪也就轉動起來了，我們不用特意跟小齒輪說「轉
動起來吧」，它們也會自然地轉動起來。

而用在「做人的道理」也是一樣。譬如，遇到一個

狀況，倒底是什麼成因？把那個成因找出來，根本問題解決了，其餘也就容易解決。之前聽過有些案例，有的學生不喜歡上學，想方設法不去上學，家長就很不高興，質問孩子為什麼不上學，孩子也不說，或許是也不知道該怎麼說，家長因此很生氣，認為這孩子不乖不聽話。結果原因是什麼？孩子在學校被霸凌，不敢上學、如果一上學就被欺負，誰會喜歡上學呢。要把真正的問題找出來，加以調理，這樣才是根本之道。

　　而這觀念也不單只能用在「對外的治理」，用在「個人生活」或「內在的自我調理」也是可行。在此就不再舉例了，留待各位自行體會、運用。

20. 絕學無憂，唯之與阿，相去幾何？善之與惡，相去若何？人之所畏，不可不畏。荒兮其未央哉！
眾人熙熙，如享太牢，如春登臺。
我獨怕兮其未兆；如嬰兒之未孩；儽儽兮若無所歸。眾人皆有餘，而我獨若遺。我愚人之心也哉！沌沌兮，俗人昭昭，我獨若昏。
俗人察察，我獨悶悶。

澹兮其若海，飂兮若無止，眾人皆有以，而我獨頑似鄙。我獨異於人，而貴求食於母。

▲ 憨山解：「此承前兩章聖智之為害，不但不可用，且亦不可學也。」

解讀　絕學無憂，唯之與阿，相去幾何？善之與惡，相去若何？人之所畏，不可不畏。荒兮其未央哉！

「絕學無憂」，我們要清楚老子所謂的「絕學無憂」是從什麼角度說的，否則會產生誤會（誤以為不用學習了）。這裡的「絕學無憂」是站在「世染離道」的相對面來說的。你看，我們形容嬰孩有赤子之心，什麼是赤子之心，就是一片乾乾淨淨的真心，但隨著在人世間的學習（薰染），逐漸地產生許多分別與執著。譬如小嬰孩放屁，放屁就放屁，他也不會不好意思，對他而言，很自然。但對我們而言，就很不一樣，我們可能會去分別這個屁臭不臭，聲音響不響，是不是在人前放的，在人前放的可能就會不好意思，或被歸納為一種不禮貌的行為……。為什麼呢？因為我們在成長的過程中、在社會的機制裡，

被灌輸了許多觀念或成見，這些成見導致我們不容易看到事物的本來面貌。

■ 荒兮其未央哉：沉淪到不知何處是盡頭

因此，「絕學」與其解作「不學習」，不如解作「不被所學所束縛」會來得更貼切些。也就是說，我們很習慣接受了一個觀點之後，就不太容易接受其它的觀點，換言之，我們有時會被「所認識的觀點」束縛。而這裡說的是「可以學習，但不要被所學給綁住」，一但我們能「看見」世界、事物原來的狀態，那就可以免除被眼前這些境界所繫縛的憂患。所以，重點在於「不被繫縛」，而「不被所知繫縛」的用意何在？就在於要「體道愈真」。

「唯之與阿，相去幾何？」，「唯之與阿」也就是「『唯』之與『阿』」，「唯」和「阿」都是回應時的應答語，但它們的差別在哪裡呢？就是「唯」帶有恭敬的意味，而「阿」顯得較輕慢。

「善之與惡，相去若何？人之所畏，不可不畏。荒兮其未央哉！」世間所認為的善惡好壞，就一定是真正的好與壞嗎？譬如我們世間人認為名利是寶，但在修道人的

眼中，可能避之唯恐不及。若不知避開的話，那麼就可能
導致過度而沒有個盡頭（或解作「事態發展偏頗，導致失
控」）。

> 解讀　眾人熙熙，如享太牢，如春登臺。
> 我獨怕兮其未兆；如嬰兒之未孩；乘乘兮若無
> 所歸。眾人皆有餘，而我獨若遺。

　　眾人和悅的樣子，就像享用祭祀後的牲禮，又像春
天登上高臺遠眺般舒暢。但我獨畏於未發之念（菩薩畏
因），就像小嬰孩骨骼未全、筋骨柔軟需要加以護念，又
像悠遊於湖海之不繫之舟。眾人都希望多之又多，乃至有
餘。而我獨自減之又減，彷彿若失。

■ 熙熙：和樂的樣子
■ 太牢：為中國古代祭祀使用的牲禮。
■ 春登臺：春季登臺遠眺。
■ 嬰兒之未孩：孩，骸。未骸，即筋骨柔軟。
■ 乘乘：泛泛，飄浮貌。

我愚人之心也哉！沌沌兮。俗人昭昭，我獨若昏。

俗人察察，我獨悶悶。

澹兮其若海，飂兮若無止，眾人皆有以，而我獨頑似鄙。我獨異於人，而貴求食於母。

我心只是一個愚昧人，是愚昧無知的樣子啊。世人都顯得聰明有智，而我卻顯得昏昧無知。世人都很能分辨明析，而我獨自顯得愚昧渾噩。

恬靜而寡欲，以至心靈虛曠猶如大海，自由飄流而無所執著。眾人皆似胸中有物，而有所依恃的樣子，而我獨自頑愚而鄙陋。

我獨獨與世人不同，因為我更珍視於滋養萬物的大道。

■ 沌沌：愚昧無知貌。
■ 昭昭：指明亮；光明。語出《楚辭‧九歌‧雲中君》：「爛昭昭兮未央。」
■ 察察：分別辨析

158

■ 悶悶：愚昧、渾噩貌。

■ 澹兮：ㄉㄢˋ dàn．。清靜、淡薄，恬靜而寡欲

■ 飂兮：ㄌㄧㄡˊ，飄動

■ 皆有以：皆有所自恃

21. 孔德之容，唯道是從。道之為物，唯恍唯惚。忽
兮恍兮，其中有象；恍兮忽兮，其中有物。窈兮
冥兮，其中有精；其精甚真，其中有信。
自古及今，其名不去，以閱眾甫。吾何以知眾甫
之狀哉？以此。

▲ 憨山解：「此章言道乃無形名之形名也。」

第21章可分作兩個部分來看，「孔德之容，唯道是
從。……其精甚真，其中有信。」說的是「無形之形」。
「古及今，其名不去，以閱眾甫。吾何以知眾甫之狀哉？
以此」說的是「無名之名」。

解讀　孔德之容，唯道是從。

在《道德經》第21章所說的，只是讓我們作一個參考，並不能以此作為絕對的標準。這章的重點是在「道無形無名，但可由一些現象來觀察到它的存在。」但值得留意的是──這些可觀察到的現象，不等於道的全部。

譬如我們不容易看出一個人有道或無道，今天佛菩薩在我們面前，祂若不告知，我們會知道祂是佛菩薩嗎？很可能就把祂當作一般人，甚至輕慢了祂還不自知。一個人有修沒修，我們從外表未必能判斷得準，可能一個不小心就失之交臂了，所以儘量學習「普敬」──用真誠心對待周遭的人。而從上面這個例子，我們也得知：有道之士，未必會顯示孔德之容給我們看。

■ 孔德之容：孔，盛的意思

雖然說，一個人有道沒道，未必如《道德經》第21章所說的判斷標準。但也不妨透過這些顯象，來讓我們感受一下道的存在。所以，我們這就回過來看一下老子怎麼說。

解讀　道之為物，唯恍唯惚。忽兮恍兮，其中有象；

恍兮忽兮，其中有物。

這說的是「道體」，它本無一個所謂的「體」，這是為了方便我們理解，所以前賢以「體」和「用」來說明。「體與用」元是一，不是二。既然「道」本無一個「體」，那麼哪裡又會有一個固定可見的形象存在呢。所以，「道之為道，無形無象，似有若無，但有功用。」

「自性」不也正是如此，無形無象，似有若無，但有其作用存在。古聖前賢用不同的語詞來表達同樣的道理。與其去分宗別派，不如去融會貫通，理解其中真正要傳遞給我們的道理。

正如救世主所開示：「真理，誰來說都一樣，只是人事物的不同。」

解讀　窈兮冥兮，其中有精；其精甚真，其中有信。

窈冥，即深不可測。精，純粹。真，無偽、無妄。信：道無形無象，卻在森羅萬象中運用不失，所以稱之為「信」。整句來說，即是：道也好，自性、佛性也好，不論是哪個詞語來形容，這個所謂的「道」都是無形無象、

深不可測的，但其中有純粹而無偽無妄的「精神／能量／力量／作用力」存在。而這股源自於「道」的作用力，在宇宙間，亙古來今，都是存在的，就好像有個「道」，祂相當地守信用，從來都不失約，一直都存在。（而「精神／能量／力量／作用力」也是「強為安立一個名詞」，只是讓我們相形之下，比較容易理解罷了。）

　　以上說的是「道的無形之形」，接著要說的是「道的無名之名」。從古至今。道的這個無名之名一直都沒有離開。「以閱眾甫」，它經歷滋潤了天地萬事萬物，讓萬事萬物得以美好。然而，「道是無形、無狀、無名」，如此一來我們要怎麼感受到它的存在？就是從上面所描述的那些狀態加以體會。

■　以閱眾甫，閱：經歷。甫：美。以閱眾甫，即眾美皆具。

22. 曲則全，枉則直，窪則盈，弊則新，少則得，多則惑。是以聖人抱一為天下式。
　　不自見，故明；不自是，故彰；不自伐，故有

功；不自矜，故長。夫唯不爭，故天下莫能與之
爭。

古之所謂曲則全者，豈虛言哉！誠全而歸之。

▲ 憨山解：「此承前章言聖人所以道全德備眾美
　　皆具者，蓋由虛心體道，與物無競，故眾德交
　　歸也。」

　　在第22章，道德經的原文當中，還是在談「道」。
然而，從憨山法師的註解當中，我們可以看到「德」的概
念已經蘊含其中。也就是說，「道是德之體，德是道之
用」，有這樣的意涵在裡頭。換句話說，一個人的心行、
行事、行止如果符應於「道」的話，那麼她／他的「德」
則「自然流露而不假造作」。所以，我們說「修養德行
（修德）」，其實只要符合大道（宇宙法則）的運行，德
行就會自然顯現。因此，去理解「何為道」就顯得格外重
要，「體道修德」，根本先穩固，其枝葉則生成自然。若
重於枝葉，而忽略其根，則枝葉不茂。當然這也不是說枝
葉不重要，見微以知著，由枝葉之繁茂與否，亦可略推根
之安穩與否。

曲則全，枉則直，窪則盈，弊則新，少則得，
多則惑。是以聖人抱一為天下式。

★救世主：「真相是愈想得到什麼，愈得不到。」

此處之「全、直、盈、新、多」均是世人所欣羨的，
然而世人多半錯用方式，譬如捨得，世人喜得，卻多不知
先捨。先捨，即先付出。

「曲則全」，聖人委曲自己以御世，於是有成全天下
之心，此心亦使自己合道、全德。

「枉則直」，屈己從人曰「枉」。直，伸彰，此指使
道得彰。聖人為使世人亦能合道，有時混跡於世，和光同
塵，意在使道得彰。

「窪則盈」，所謂「天道忌盈」，譬如月圓之日，亦
為月虧之始。然而，月有圓缺，道豈有圓缺，此是對人而
言。窪則盈，表示「謙下」方得圓滿，海善於百川之下，
方成其大；佛至謙至和，乃成「無見頂相」。《易經》唯
地山謙卦，六爻皆吉。「謙下」，是通往圓滿之道。

「弊則新」，譬如衣之污損，稱為「弊」，這裡的「弊」可以比喻成「使世俗的習氣、知見減損」，而其意欲使人「合乎於道」。救世主開示：「佛菩薩沒有的習氣，都不要有。」所以，「弊則新」有一種類似於「打得念頭死，許汝法身活」的意味，亦即「摒除世俗之心，而圓成於道」的意思。

「少則得，多則惑」，「為道日損，損之又損，以至於無」。世間人喜多，喜多即是貪，貪即是惑。但學道之士反之，對於物欲一減再減，猶如今時所謂的「斷捨離」乃至「極簡生活」。對物質喜多，或求好又再好，或追求於名牌潮流，這就是一種「貪欲」的顯象。而此以「貪欲」為例，實亦指向「瞋、痴、慢、疑」。於「貪、瞋、痴、慢、疑」若能日減又減，就能逐漸合於大道、親於自性，這就稱作「得」。而「貪、瞋、痴、慢、疑」若多，即是困惑多。

「是以聖人抱一為天下式」關於「抱一」老子在前頭已經提及（第10章），那裡說到載魂（掉舉）載魄（昏沉），偏於一處，均為不妥。唯有能照而不掉舉，寂然而不昏沉，抱一守中，方為圓融。而此處的「式」即「法」

的意思，這個「法」若看作「名詞」，則是「模範」；若作「動詞」解，則指「可供天下學習」。因此**「聖人抱一為天下式」**重點在於「抱一」，也就是說「聖人之所以為聖人，是因為她／他能『抱一守中』」，而我們需要學習的，也是「抱一守中」。

在新宇宙中，不搞個人崇拜，因為個人崇拜會產生很多問題。而此處的觀點就很好──亦即，我們要學習的是「抱一守中」，而聖人之所以值得學習，也是由於他們「抱一守中，合乎於道」。這就提醒了我們：「聖人值得尊敬，因為他們達成了我們未達成的狀態，也就是合乎於道，但是，不要因此變成一種崇拜。而是透過聖人的行跡，讓我們去體悟何為『道』，然後練習合乎道，因此也能成賢成聖。」

所以，像編者以前曾聽到的「家家觀世音，戶戶阿彌陀」一語，這在表相上固然可以指向「家家戶戶都懂得念觀世音，念阿彌陀佛」，但，更為深刻的意義其實在於「家家戶戶都能練習練去凡心，成就聖道」，人人都慈悲，各各都覺悟，如此天下太平，此處即是淨土矣。

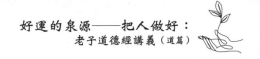

解讀 不自見，故明；不自是，故彰；
　　　不自伐，故有功；不自矜，故長。

不自見有己，因此而內心明澈；
不自是己能，因此己之所能得彰；
不自誇己功，因而有功；
不自推崇，因而能長久。
這幾句都是在說明「海印放光」。

■ 自伐：誇讚自己
■ 自矜：推崇自己

解讀 夫唯不爭，故天下莫能與之爭。
　　　古之所謂曲則全者，豈虛言哉！誠全而歸之。

　　因為不爭之德，所以天下沒有能與之爭的，就像前頭
所說的大海之喻。因為大海沒有要與任何一條江河爭高，
而善處於最下，反而成為眾流所歸之處，由於它不爭，反
而成其大。古時候所謂的「曲則全」並非隨口說說，反而
由於「無我、無私、謙卑、下心」等特質，而使其能成就
德行。前面所說的「不自見、不自是、不自伐、不自矜」

等，與「無我、無私、謙卑、下心」是可以融通理解的。

23. 希言自然，故飄風不終朝，驟雨不終日。
　　孰為此者？天地。天地尚不能久，而況於人乎？
　　故從事於道者，道者，同於道；德者，同於德；
　　失者，同於失。同於道者，道亦樂得之；同於德
　　者，德亦樂得之；
　　同於失者，失亦樂得之。信不足，焉有不信焉。

▲ 憨山解：「此章言聖人忘言體道，與時俱化
　　也。」

解讀　希言自然

　　希言，即「少言」，其實這裡的重點有二：一是「不
強為說」，也就是「有必要才說，不是為了說而說，也不
是為了誇逞已能而說」如孟子所言：「予豈好辯哉？予不
得已也」。二是「重在心行，不在口說」。

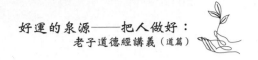

解讀　故飄風不終朝，驟雨不終日。孰為此者？天
地。天地尚不能久，而況於人乎？」

　　整段就是說：沉靜少言是合乎自然之道的，暗喻好辯
者並不長久，飄風驟雨都指天地不平之氣，天地不平之氣
都不能長久，何況是人的不平之氣。而好辯，即出於人的
不平之氣。我們這種好辯，是一種習氣，不是當說而說，
而是出於「不能忍」之不平，是因為「信道不篤」。

　　這裡「信道不篤」，指的是「未能真切地依道而
行」。

解讀　故從事於道者，道者，同於道；德者，同於
德；失者，同於失。同於道者，道亦樂得之；
同於德者，德亦樂得之；同於失者，失亦樂得
之。

　　這整段，與《觀世音菩薩普門品》中的記載有異曲同
工之妙。

《觀世音菩薩普門品》云：

佛告無盡意菩薩：「善男子，若有國土眾生，
應以佛身得度者，觀世音菩薩，即現佛身而為說
法。
應以辟支佛身得度者，即現辟支佛身而為說法。
應以聲聞身得度者，即現聲聞身而為說法。應以
梵王身得度者，即現梵王身而為說法。
應以帝釋身得度者，即現帝釋身而為說法。
應以自在天身得度者即現自在天身而為說法。
應以大自在天身得度者，即現大自在天身而為說
法。
應以天大將軍身得度者，即現天大將軍身而為說
法。
應以毘沙門身得度者，即現毘沙門身而為說法。
應以小王身得度者，即現小王身而為說法。
應以長者身得度者，即現長者身而為說法。
應以居士身得度者，即現居士身而為說法。
應以宰官身得度者，即現宰官身而為說法。
應以婆羅門身得度者，即現婆羅門身而為說法。

> 應以比丘、比丘尼、優婆塞、優婆夷身得度者，
> 即現比丘、比丘尼、優婆塞、優婆夷身而為說
> 法。
> 應以長者、居士、宰官、婆羅門婦女身得度者，
> 即現長者、居士、宰官、婆羅門婦女身而為說
> 法。
> 應以童男、童女身得度者，即現童男、童女身而
> 為說法。
> 應以天、龍、夜叉、乾闥婆、阿脩羅、迦樓羅、
> 緊那羅、摩侯羅伽、人非人等身得度者，即現之
> 而為說法。
> 應以執金剛神得度者，即現執金剛神而為說
> 法。」

　　這裡呈顯的就是一種「合乎道者所呈顯的自在與妙
用」，而這份自在與妙用的前提還是在於「合道」。她／
他們不是刻意要說什麼或強要表現什麼，而是在「和光同
塵之中，還能因內在修證有成的光芒，成為眾生的光之燈
塔。」在這之中，沒有絲毫的勉強與刻意，可以形容這是

「任運地（自自然然的）」。

解讀 信不足，焉有不信焉

而好辯者，則多了一份人為的刻意，由於還「未能真切地依道而行（信道不篤）」，因此，得用言語喋喋不休地去強說，如此人們聽了反而轉為不信。在此，也突顯新宇宙中，「真修實鍊」的重要。

救世主曾開示：「做到再說」，就是這個道理。

如果對於「道」信得真切、行得踏實，有善根的人見了，自然也跟著傚效了。

24. 跂者不立；跨者不行；
自見者不明；自是者不彰；自伐者無功；自矜者不長。其在道也，曰：餘食贅行。物或惡之，故有道者不處。

▲ 憨山解：「此承前章言好辯者不能持久，猶如

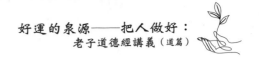

跂跨之人不能立行，甚言用智之過也。」

解讀　跂者不立；跨者不行；

「跂」，踮起腳根。「跨」，闊步而行，大步走。這兩個詞彙，是在形容人走路的樣貌。但，在這章的語義脈絡中，它們被賦予負面的義涵。在憨山法師的註解中，為什麼要踮起腳根呢？因為要「強高出人一頭」。而為什麼要闊步而行呢？因為要「強先出人一步」。然而，踮起腳跟，則無法久站；每步都特意跨大，則無法長行，兩者都不合乎自然長久之道。而由「跂」、「跨」來比喻「好辯者不能持久」。

其實，若順著文意閱讀下來，這裡說的「好辯者」或許換成「未能真修實練的人」也是說得通的。

解讀　自見者不明；自是者不彰；自伐者無功；自矜者不長。

這裡的「自見、自是、自伐、自矜」都未能符合於「道」的精神，也就是說，這幾個狀態都是「背道而行」

的，不是順著道、順著宇宙法則，所以它們都變成反效果。那怎麼樣才合於道呢？「不自見、不自是、不自伐、不自矜」，這樣就是合道而行。

關於「自見、自是、自伐、自矜」在第22章已經有提及，但憨山法師在此章為這幾個狀態都加以說明。憨山法師註解：「自見，謂自逞已見。自是，偏執已是。自伐，謂自誇其功。自矜，自恃其能。」而綜觀此「四個自」，實在都是因為未達「無我」的緣故。

解讀 其在道也，曰：餘食贅行。物或惡之，故有道者不處。

「其在道也」，這裡的「其」指的就是「自見、自是、自伐、自矜」，這四件事，對於「道」而言，就好像多餘的食物或不必要的形態（贅行，憨山註：行作形）都是人所不歡喜的，所以真正有心要行道的人要避免「自見、自是、自伐、自矜」等心態。

25. 有物混成，先天地生。

寂兮寥兮，獨立不改，周行而不殆，可以為天下
母。吾不知其名，字之曰道，強為之名曰大。

大曰逝，逝曰遠，遠曰反。故道大，天大，地
大，王亦大。域中有四大，而王居其一焉。

人法地，地法天，天法道，道法自然。

▲ 憨山解：「此承前言世俗之士，各以己見己是
為得。曾不知大道之妙，非見聞可及。故此特
示大道以曉之也。」

憨山法師認為第25章是承接著24章而言。由於第24
章，在談我們世間人容易有「自見、自是、自伐、自矜」
等心態或行為，把「我」看的很大，而不知有「道」的存
在。因此，第25章，則對於「道」加以說明。

解讀 有物混成，先天地生。

「有物混成，先天地生」這就是在形容「道」。前
頭說過，道是「無色、無聲、無相」，而此處怎麼說「有
物混成」呢？其實，有些時候，當成一種「形容」即可，

本來「道」也沒有個名稱叫作「道」，它也不是個「什麼」物質。那麼，老子要怎麼來將這個「無色、無聲、無相、無名」的「道」來說明好讓大家了解呢？當然，就是儘量用我們人間的語言來說明了。所以，我們倒也不必去追究「有物混成，先天地生」的這個「物」究竟是「什麼物」，而是要去理解「老子為什麼要向我們說明這個『道』？而這個『道』又對於人們具有什麼影響？有什麼是我們在這當中可以學習的？」對於這些問題的思索，反而才是我們更應該留意的。

> 解讀　寂兮寥兮，獨立不改，周行而不殆，可以為天下母。吾不知其名，字之曰道，強為之名曰大。
>
> 大曰逝，逝曰遠，遠曰反。

　　這一整段，也都是在形容「道」。寂寥，指無聲無色。獨立不改，指超然於萬物而不變。周行而不殆，指永恆運行。可以為天下母，指「道」能化育萬物。對於這樣的「存在」，老子李聃說「我不知道怎麼稱呼它。只好以『道』來容，勉強地稱它作『大』」。

所以，我們有時會說「大道」或者稱作「聖道」。拿「聖道」這個詞來說，就端看解釋的切入點為何。如果是把「聖」當「名詞」解，解作「聖人之道」，那麼，「聖道」可以指向「聖人處世之方」；但若站在把「聖」當成「形容詞」來解，那麼則指向「值得崇敬之大道」。這兩者的解讀切入點是不同的。

而由這個地方，我們也可看出：「把老子當作道家，那真是『小看』了老子李聃所要向世人形容的『道』了。」事實上，若漸漸深入《道德經》當中，我們可以發現李聃所形容的『道』何期廣闊，簡直可謂是包天包地，超越亙古今來，不但超然於物外，卻又在森羅萬象之中，這哪裡是用「道家、道教」等名稱可以形容的呢？！

而老子又把「道」與「大、逝、遠、反」作了連接。

所以說，「道」這個詞是一個「形容（詞）」，所謂的「道體」這個詞，其實也是一個「形容（詞）」。為什麼說是「形容」？因為，對於「道」，我們是很難真正去「指一稱」它的，也就是說「我們沒有辦法去『指』著一個物質，然後對大家『說（稱）』這就是道。」

為什麼與大家分享這個，因為我們不要被現今的一些宗教上的名詞給綁定了，可以去理解這些名詞／名相，但不要被它們綁住了。如果反問各位「為什麼把老子當作道家？難道是因為他分享的五千餘言，是在談『道』？那麼各教的創始人，難道都不是在談『道』？」換言之，我們要關心的是：「這個人所言的內容，是否符合於道／真理／宇宙法則，其中有哪些是對我們的人生乃至於提升心靈層次、了解宇宙真象是有所助益的。」這樣子，對於我們的提升，才會更踏實一些，也比較不會落入「名詞概念」的綁定中。

　　所以，我們要能了解：「道家」是一個方便稱呼，不是不行這麼稱呼，但要知道它「是個方便稱呼」。就像「道體」，不是不能用「道體」來形容那「無色、無聲、無形、無象、無名……」的「道」，而是要知道「道體」也是一個「方便稱呼」，什麼叫作「方便稱呼」？就是它是一個「形容詞」，我們可以用它來形容、說明、表達，但不要執著於它。

　　回過頭來，我們來看「大、逝、遠、反」，其實也都是在形容「道」。

　　「大」，不是大小的「大」，大小是相對而言，但大道的「大」是沒有邊際的「大」。這樣說，其實也不太好理解。其實就是說「道，所涵蓋的範圍難以想像、不可思議」，這樣子說可能比較好理解。

　　「逝」，由於其大，而無有盡處，不知哪裡是個盡頭。

　　「遠」，不知哪裡是個盡頭，當然就遠了。

　　「反」，這個詞比較不好理解，在憨山法師解曰「遠則不可聞見，無聲無色，非耳目之所到。故云遠曰反。反，謂反一絕跡。」

　　如果我們回到「道德經是在講做人的道理」這個主軸來進行思索，那麼對於「道」的「大、逝、遠、反」則會有不一樣的解讀。在這個主軸下：
　　「大」或許指的是「心量寬厚，能包太虛」；
　　「逝」指的是「事來則應，過去不留」；
　　「遠」指的是「燈傳無盡，永續經營」；
　　「反」指的是「凡事內省，回光返照」。

如此一來，每一項都成為「我們地球人可以施行的目標」，不會有種「您說的道，離我們好遙遠」的感覺。

　　緊接著，下面這一段，則是本章的重點。

　　解讀　故道大，天大，地大，王亦大。域中有四大，而王居其一焉。
　　　　　人法地，地法天，天法道，道法自然。

　　此處，老子僅提出「大、逝、遠、反」中的「大」來說明，按理來說，應該「逝、遠、反」的概念也含括其中。而這段主要在說明什麼呢？為什麼要特別提出「道大，天大，地大，王亦大。域中有四大，而王居其一焉」？其實，若以救世主的開示來看，就容易理解。

　　救世主：「民不與官鬥，官不與神鬥，神不與天鬥。神權已經順應天意，改朝換代，在2018年，神權，三大公庫，稅收已經換成下永恆，新宇宙在收。」

　　所以，「道大，天大，地大，王亦大。域中有四大，而王居其一焉」其實在提醒執政者／在上位者：「要順道

而行，要順著宇宙的軌則來執政」。其實，「民不與官鬥，官不與神鬥，神不與天鬥。」的重點句在於「不與天鬥」，而不在「民不與官鬥」。為什麼呢？如果人民百姓能夠安居樂業，過太平生活，哪個人閒著沒事要去與官鬥？正因為官不順天意，神不順天意，世風日下，大家都亂了套，百姓也無法安居樂業，最終官逼民反，人世間衍生出許多問題、不必要的事件發生。所以，我們可以看到在《道德經》裡，老子很多時候會把重心擺在「執政者的內聖外王、無為而治」。為什麼呢？「風行草偃，上行下效」。

因此，「人法地，地法天，天法道，道法自然。」這裡把「人、地、天、道、自然」的層次推展出來。然而，此處有兩點值得注意：

1. 這裡的「人」固然泛指「所有的人」，但同時也別忘了「為官者／執政者／在上位者」也都是「人」，一樣要「法地、法天、法道、法自然」。

2. 「自然」並不等同於現代所理解的「大自然／自然界」，它更傾向於「無為」，也就是說：人「法

地、法天、法道、法自然」之後，還要回到「不放在心上」，把那個「我已經法天、法地、法道、法自然」的「我相」給遣除掉。

26. 重為輕根，靜為躁君。是以聖人終日行不離輜重。

雖有榮觀，燕處超然。奈何萬乘之主，而以身輕天下？輕則失本，躁則失君。

▲ 憨山解：「此誡君人者，當知輕重動靜，欲其保身重命之意也。」

■ 重，指身。輕，指身外之物。靜，指性命。躁，指嗜欲之情。

■ 輜重：兵車所載糧食。跟隨軍隊，如後勤，進行補給、後送、保養等勤務支援的必要人員、裝備與車輛。

■ 榮觀：榮盛的景象

■ 燕處超然：這是一則比喻，因燕子是候鳥，隨時節遷徙，不會執著於所處居處，用以比喻人如燕

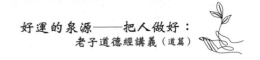

子般超然物外。

■ 以身輕天下：把身看得比天下還輕。對於這句要
特別謹慎，不然容易解讀錯誤。這裡的「天下」
指向「外境之物」，而「身」則指向性命。所以
整句是說：把性命看得輕，而把外在之物，看得
重，譬如不顧修身養道，而重於物質名利追求，
這就是「以身輕天下」。

那麼，容易解讀錯誤的地方在哪裡呢？就在於語義脈
絡的不同。

若換一個角度來解，「身」如果指的是自身生命，
而「天下」若指向天下蒼生或整個大局，那麼其實是近於
「無私、無我」的，其實，這樣反而是合乎於「道」。但
是在本章的文義脈絡，若這樣解的話，則會產生誤會。所
以，針對這個部分，加以說明。

在初步認識到其中的一些詞彙之後，我們試著解讀一
下第26章。

解讀　重為輕根，靜為躁君。是以聖人終日行不離輜
重。

「若是身體與身外之物相較，身體較為重要，是身外之物所以依恃的（為輕根）。而靜（性命）與躁（喜好隨著欲念而動的妄心）相較，性命才是「君」（總理的核心）。所以有道的人，在行住坐臥之間，時刻都不會離開那個「最重要的根本」。　救世主曾開示「落實心性是最重要的」，因此，放在此處來看。聖人、學道之人、體道之人，每天每天經常地依著道而行，依著道而落實心性。縱然在處境上有什麼順境（榮觀），也是能夠處之淡然，不為所動。這裡雖然提的是「榮觀－順境」，但其實也包括「逆境」的意味在裡頭，也就是，不論順境或逆境，都能夠「以平常心、平和的心、仍然與道相合的人生態度」來面對。

　　解讀　雖有榮觀，燕處超然。奈何萬乘之主，而以身輕天下？輕則失本，躁則失君。

　　但可惜的是：為什麼「身為君王、在上位的人（萬乘之主）」反而把該看重的，看輕了呢？譬如拿身體與身外之物來譬喻，怎麼反而看重身外之物、功名富貴，而不看重這個身體呢？也就是說，如果把「身體」喻作「性命／自性／心靈層次」，而把「身外之物」喻作「物質世

界」，那「奈何萬乘之主，而以身輕天下？」這句話，就
有點感慨於「怎麼在上位者都自已迷失於權力、物欲當
中，這樣怎麼引導人民百姓也避免『迷於物欲』的狀態
呢？」

　　當然，這句話，若要解的深一點，也是可以的。我
們也可以把「君王、在上位者（萬乘之主）」比喻作是
「我們的心念」。如果我們心念未能調整到「與道相合、
符合宇宙軌則」，如果我們的觀念、心態，都看重於「物
欲」，而輕看了「心靈層次的提升」，那麼我們怎麼樣去
做好「自律、自主管理」，而引導自己去落實心性、提升
維度呢？

　　解讀　輕則失本，躁則失君。

　　最後，「輕則失本，躁則失君」則是老子再次提醒我
們：要能釐清「輕重、躁靜」，不要本末倒置了。

27. 善行無轍跡，善言無瑕讁；善數不用籌策；善閉
　　無關楗而不可開，善結無繩約而不可解。

是以聖人常善救人，故無棄人；常善救物，故無
棄物。是謂襲明。
故善人者，不善人之師；不善人者，善人之資。
不貴其師，不愛其資，雖智大迷，是謂要妙。

▲ 憨山解：「此章聖人善入塵勞，過化存神之妙
　　也。」

　　第27章，用了許多譬喻，這些譬喻的解義也是有淺
深的不同，我們先就字義上來解讀，然後再參考憨山法師
的註解，看看能不能有更深一點的體會。

解讀

■ 善行無轍跡：善於行走的人，在地上沒有什麼痕
跡，甚至在行經時，也感覺不到他發出什麼聲
響。

■ 善言無瑕讁：瑕讁，指瑕讁疵。善於說話的人，
能隨著對方的狀態說相應合宜的話，其言語沒有
毛病可挑。

■ **善數不用籌策**：籌，計數的器具。善於計數的人，未必要用計數的工具來推算。譬如有的人心算能力很高明，若給他一道數學題，可能他在心裡算出答案了，我們縱然拿著計算機盤算，都沒他的快而準確。

■ **善閉無關楗而不可開**：關楗，指關門的器具。善於關門戶的人，縱然沒有關門的器具，也是能把門戶關的很好，讓人無法打開。譬如「伏藏」，那些法寶、法器，高明的伏藏師把它們密藏得很好，甚至沒什麼將之收藏的器具，但沒有緣的人，找不到就是找不到。

■ **善結無繩約而不可解**：善於打結的人，就算是沒有繩索，也能把物綁好，而不會輕易脫開。就好像有些賣小吃的攤販，你看他們拿著塑膠袋，也不用橡皮筋，不知怎地輕易一繞、一繫，袋口就綁好了。

　　以上是對第26章的幾則譬喻，就著字面作初步的解讀。接著，我們再看看這些究竟在譬喻什麼。

■ **善行無轍跡**：依照救世主的開示，一句話就說明白了。救世主開示道：「事來則應，過去不留」。

■ **善言無瑕謫**：善於說話的人，對於其言語是沒有什麼過失的。不知道各位有沒有曾經在話說出口之後，才發現「哎呀，我剛剛怎麼這樣說。」這就是「察覺了」自己的說話不得體、不得宜。而「善於說話」，在現今而言，有時可能會被理解成「話術」，這樣就添增了一個「人為的意味」。但真正會說話的人，是怎麼樣呢，是他能夠觀機逗教，能夠說出最適合這個人，且對於這個人最有益處的話。救世主就曾提醒一位居士：「說話要看場合」。的確如此，「有時一句話就可能結怨，甚至可能引來殺身之禍」，真的不可不慎。

乃至於開玩笑，也要留意，不要說一些話自己覺得好笑，但觸惱了別人而不自知。有一次筆者跌傷了，跌得嚴重，行動不便，上下樓梯都挺吃力，一次，某位喜歡開玩笑的修行人看到筆者在下樓，他便脫口而出一句「貴妃

來囉。」隔沒幾天，他來問筆者身體狀況，我很自然地回他「內臟有點出水。」他又開玩笑地說「那要不要換成金屬的。」這到底是關心？還是調侃？有同理心的人會這樣說話嗎？幾次下來，筆者乾脆避著他。說話，真的「留點口德」比較好，不善於說話，那就不妨練習少說話。胡亂說話，損了自己的德，一不小心可能就與人結怨，何苦來哉？尤其學佛的人，多半有一個「想和冤親債主解冤釋結」的觀念，怎麼還要在日常言語中去和人結冤結呢？您們說呢？

救世主：回向時，念與冤親債主解冤釋結，永不糾葛。

■ 善數不用籌策

這句話的字面解義，上面已經談過了。而在憨山法師的註解中，解得相當漂亮，他說：「聖人無心御世，迫不得已而後應，曾無得失之心。然死生無變於己，而況利害之端乎。此計之善者，故不用籌策。」用現代的話來說，就是：這些合乎於道的聖者，他們不是刻意要做什麼，而是順應著時局，做著合宜的事，在這當中，也沒有一個「我得、我失」的心。而且，對於生死都已放下了，何況

是世間的利害關係呢。這就是「最高明的籌畫者」，他們不用刻意去籌策什麼。

今天是2022年3月4日，說到這個，「然死生無變於己」，筆者真的相當感嘆。自從救世主開示筆者:「以後有因緣可以講《道德經》。」筆者把這話放在心上，也陸續收集了相關書籍，也慢慢地整理資料。但那個速度真的是相當緩慢。到了2月22日，救世主告知「我已經完成使命了，生死都沒差。」我很佩服這種「真的是已經置死生於度外的大器」，真的就是這裡所說的「死生無變於己」。孔子說的「朝聞道，夕死可矣」以及佛門中所謂「所做皆辦」，為什麼能有這種「死生無變於己」的從容？當然，「無我」是一個很重要的因素，但另一個原因是因為「任務完成了」。然而筆者駑鈍，那時還沒想到想趕緊完成《道德經》的資料整理。

直到2月26日，救世主：「神權給我的時間，已經不多了。」從那時起，我才意識到：不趕緊完成不行。雖然救世主開示「要順勢而為。」但我心裡想：如果沒有完成到一個階段，呈給救世主，我此生恐怕會留有一個遺憾，而這個遺憾來自於「這個任務沒有『及時』完成」。但如

果，能夠呈給救世主，不論祂是否有時間過目，對筆者而言，都算是一個交待。這樣就好了。

■ 善閉無關楗而不可開

沒有關門的楗，那要怎麼關門呢？但憨山法師除了把「關楗」解釋成「閉門之具」之外，他還把它解釋成「機關」。憨山法師這裡解得很妙，他認為「世人以巧設機關，籠羅一世，將謂機密而不可破。殊不知能設之，亦有能破之。」也就是說世人巧設機關，以為密不可破，結果終是可破。這裡，筆者想起一句，正所謂「機關算盡太聰明，反算了卿卿性命。」

救世主一再開示：「害人之心不可有」或「當個善良的人」真是很有道理。

而與道相合的人，很是直心，他們沒有世人這樣多的機巧、機關，但也由於沒有機關，反而能直心映物。有點類似「無招勝有招」的概念。有招式，則或有破之之法；無招式，將從何破之？也就是，合道之人，隨機應物，任運自然，似以無招應事，但周密而圓融，反而無可破之。又或者，可解作「善於關閉欲念之門，既已閉之，而不再

為欲念所牽。」猶如《四十二章經》中佛開示:「愛欲斷者,如四肢斷,不復用之」。

■ 善結無繩約而不可解

同樣地,這也是一則譬喻。憨山法師解作「聖人大仁不仁,利澤施乎一世,而不為己功,且無望報之心,故使人終古懷之而不忘。」引用救世主所開示的,即「不邀功」。

接著,我們再往下進行解讀。

解讀 是以聖人常善救人,故無棄人;常善救物,故無棄物。是謂襲明。

所以,聖人恆常合於道,善於救度人,在祂們的眼中,沒有不可化度的人,所以說「沒有被祂們所遺棄的人」。就像「道」,只要我們有心想去練習,都有機會與道相合,都有機會返樸歸真,都有機會恢復真如本心。「道」並沒有遺棄我們,「我們的佛性/自性/神性/真如……」不論我們用什麼名詞來指稱,總之,這個「靈靈覺覺的本心」未曾遺棄過我們。

而「常善救物，故無棄物」，憨山法師把「物」解作「事」。

救世主曾開示一句偈：「轉世於世間，是來學習的，來完成任務，遇到的事情，即是須做事。」又曾開示：「法界丟的處境是你應受的，亦是看你這修行人有多少能耐。要做不做而已，丟的處境做過了，有做，結果就不同。」（以前稱「法界」，現在則稱「新宇宙神權」）

所以，或許把「常善救物，故無棄物」解作「合乎道的人，明白宇宙運行規則的人，了解到『所遇到的事情、境界、處境』都是自己要想辦法『處理、度過』，不會因此逃避。」就這樣的解讀來說，當然就是「無棄物（事）」。

「是謂襲明」，這就稱為：因襲著、遵循著合乎於道的規律而行事，因此事無不明。有點類似於「出於真心，從自性流露，而以此應萬物」的意思。

解讀　故善人者，不善人之師；不善人者，善人之資。不貴其師，不愛其資，雖智大迷，是謂要妙。

「善人者，不善人之師」這句話是從旁觀者的立場而言，真正善為人師者，其實不會覺得自己是老師，她／他們通常很謙虛。

救世主就曾說：「我沒有比你們聰明，我只是比你們早學習。」所以，「善為人師」與「好為人師」這兩者是不同的，差別即在於：後者在與人分享知識或觀念時，往往在隱隱約約中，帶著一種自我優越感。

「不善人者，善人之資」，這在講的就是「不傲慢」。「不善人者」，我們可以理解為「做得沒有那麼好的」或者「做的不合我們眼的」，那我們就把它當作「借鏡」，當做自我反思的參照。但，說實話，要把這觀念給轉過來，不是一件容易的事。因為我們都經常在窺探別人的缺點而不自知。

以前有個故事，一群人吃飯，飯已經涼了，一般人就會怪煮飯的：「怎麼讓我們吃冷飯！」但有修行的人不一樣，他反省自己：「是我自己福報不夠，所以吃不到暖的飯。」怨怪別人、矛頭指向別人，很容易；但能迴光反照，反過來反省自己的，才真正不簡單。

　　救世主：「懂得反省的修行者歸上天管，反之歸輪迴地府管。」

　　至於「不貴其師，不愛其資，雖智大迷」一句，我們採比較簡易的方式理解就可以。對於「道」乃至對於「師」不敬重珍惜，或者「老師」對於「學生」也不珍惜，那麼就算再聰明，其實也都還有迷惑在裡頭。為什麼呢？若只有老師，而沒有學生，那老師的智慧無人承傳；若只有學生，而沒有明師，那麼盲點將無人點破。所以，若能互相尊重、互相學習，教學相長，這將會是很美好的狀態。

　　這讓筆者想起救世主的德行，真正了不起。救世主很慈悲地引導跟隨她學習的人，而一次她對這些跟隨者說：「感恩你們願意改變。」您們看，一位真正在修行的人，可以謙虛到這種程度。不但不覺得自己是人家的老師，反而還反過來感恩對方願意改變，這是何等磊落的氣度。

　　「是謂要妙」這在總括第27章，憨山法師對本章註解得很好，他說「聖人善入塵勞，過化存神之妙也。」其實，這與前面各章的義理都是貫通的，我們可以理解為

「這些是『道』的應用」。也就是合乎道的人，把「宇宙規律的精神」落實於心性上，實踐於生活中。也因為這個合乎宇宙規則的生活，所以稱之為「要妙」，亦即「相當殊勝奧妙」的意思。

28. 知其雄，守其雌，為天下谿。為天下谿，常德不離，復歸於嬰兒。知其白，守其黑，為天下式。為天下式，常德不忒，復歸於無極。知其榮，守其辱，為天下谷。為天下谷，常德乃足，復歸於樸。樸散則為器，聖人用之，則為官長，故大制不割。

▲ 憨山解：「此承上章行道之妙，而言聖人不以『知道』為難，以『守道』為要妙也。」

解讀 「知其雄，守其雌，為天下谿。為天下谿，常德不離，復歸於嬰兒。」

在這段裡頭，「知雄守雌、天下谿、嬰兒」都是比喻。「常德不離」是核心。簡單來說，「知雄守雌」就是

「由於道大，合道者亦大，所以稱為『知雄』，合道又能謙下柔和，猶如嬰兒，所以稱作『守雌』。」由於「知雄守雌」，因此就像能盛裝大海的窪地。是哪些特點像這個「能容百川之地」呢？就是「受之不拒，應而不藏，流潤而不竭」，用德性方面的詞彙來形容，也就是「大度能容、無私、無窮」，而這個狀態可稱作「常德不離」。

「常德」，因為這個「德」是合於「道」的，也可以說是「真心自性流露出來的」，所以用「常」來形容。

■ 知：此可指「悟」
■ 雄雌：物無與敵，曰雄。謙柔處下，曰雌。
■ 谿：低窪的地方，眾水所歸之處。
■ 常德不離：這裡是以「天下谿」來譬喻「常德不離」。在地球上，最大的「谿」就是盛裝大海的地方。憨山法師用「受之不拒，應而不藏，流潤而不竭」來形容「天下谿」，也就是在說「常德不離」的特性。

「受之不拒，應而不藏，流潤而不竭」如果要用德性相關的詞語來形容，大概就是「大度能容、

無私、無窮」。

■ 復歸於嬰兒：嬰兒是天下間最柔的，憨山法師說
這嬰兒呀，縱然整天號哭，他的喉嚨也不會因此
嘶啞。這是由於嬰兒「最為柔和」的緣故。

解讀 知其白，守其黑，為天下式。為天下式，常德
不忒，復歸於無極。

■ 知白守黑：白，明朗，此指「無所不知」。黑，
貌似無知。

■ 天下式：式，法則。

■ 不忒：忒，錯謬。不忒，沒有錯謬，即圓融。

■ 復歸於無極：無極，無所不達。

聖人無所不知，但又謙卑而不張揚。既然不張揚，
對他人而言，也就貌似無知。其實祂什麼都知道。又譬如
「般若無知，無所不知」。其實，這是因為修行修至一定
程度，所以對於宇宙萬象能夠了知，而隨著修為的程度不
同，所了知的範圍也不同。但，修得好的修行人，不會去
誇耀自己，也不會去逞能，如果已經達到「無我」，連我
都沒有了，那還有什麼好誇耀。會誇耀，是因為「還有個

我」。

因此禪宗六祖惠能法師說：「惠能沒技倆，不斷百思想。對境心數起，菩提作麼長。」這句偈的意思大概是：惠能法師沒刻意在做什麼，也不認為自己沒在做什麼，也沒覺得自己在行菩提道，但實則冥合於「道」。他在《六祖壇經》則闡釋了「坐禪」的真義。

惠能法師說：「此法門中。無障無礙。外於一切善惡境界。心念不起。名為坐。內見自性不動。名為禪。」

而「知白守黑」就有這種「惠能沒技倆」的意味。而「無我」的狀態，則是「天下（宇宙）的法則」。

救世主於2022年2月26日開示道：「凡事都要等待時機成熟。順勢而為。利人則順。利己則逆。所以，佛階，基本門檻，無我。」

由於，合乎於「道」的「真常之德」是沒有錯謬的，因此，依此而行，也就慢慢地復歸於無極，而無所不達了。

知其榮，守其辱，為天下谷。為天下谷，常德
乃足，復歸於樸。

　　這一段，與本章前兩段，意思是相通的。知榮守辱，
這有「安卑守下」的意思，是說縱然是處於高位、榮景、
順境，或修行修到高階，仍能保持謙卑的心。就好像「天
下谷」是安處於最低下的，此即所謂的「下心」。但這不
是說要把自己弄得很卑微、很可憐的意思，而是著重於
「謙卑柔和」。

　　「常德乃足」「足」在此可解作「圓滿」。保持謙
卑，經常反省自己、修正自己，儘量讓自己也合乎宇宙運
行的法則，這樣在修行路上就會逐漸圓滿，逐漸「復歸於
樸」。「樸」，樸素而至為真誠，無所造作，一切自自然
然，也就是「冥合於道」了。

「樸散則為器，聖人用之，則為官長，故大制
不割。」

　　「樸散則為器」：「樸」在上邊講過了，可視作「冥
合於道」。

「樸散」，道的運用。器，就好比本章的「天下谿、天下式、天下谷」，它彷彿從「無形不可捉摸的道」產生「可察知的作用」了。所以說「聖人用之，則為官長」，聖人（合道之人）若「依著道的法則、宇宙的規律去運行」，則有「足夠的立場」來執行她／他來世間所應執行的任務了。

「大制不割」割，切斷。本來是一整塊，結果被切成一小段或一小塊，比喻看不清全局。所以「大制不割」這句可解為「由於合於道，所以能夠縱觀全局，而不偏狹侷礙。」這是因為依著「宇宙法則」運行的緣故。依著宇宙法則，當然在處理人世間的事情時，自然就有個頭緒，不會依著個人的小小知見去處世待人了。那麼，這就呼應了第14章所說的「執古之道，以御今之有。能知古始，是謂道紀。」

29. 將欲取天下而為之，吾見其不得已。
    天下神器，不可為也，為者敗之，執者失之。
    故物或行或隨；或歔或吹；或強或羸；或挫或隳。

是以聖人去甚，去奢，去泰。

▲ 憨山解：「此言聖人道全德俱，應運出世，
為官為長。當任無為無事，而不可有為太過
也。」

解讀 將欲取天下而為之，吾見其不得已。
天下神器，不可為也，為者敗之，執者失之。
故物或行或隨；或歔或吹；或強或羸；或挫或
隳。

■ 歔：ㄒㄩ，嘆息、抽氣。
■ 隳：ㄏㄨㄟ，毀壞、損毀

　　想要取天下而有心為之，老子已經預見這是不可得
的。「天下」是神器（有神權管理，以地球神權而言，
依照前陣子得知的訊息裡，有地球的輪值佛管理地球神
權），不可取而得之。刻意為之，反而傾向於失敗；刻意
想得到，反而會失去。因此世事或「行而在前」或「隨之
在後」；或吸氣或呼息；或強或弱；或折損或毀壞。憨山
法師說這是由於「物極則反」、「用力過甚」的緣故。

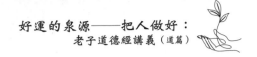

救世主：「真相是，愈想得到愈得不到。」

解讀　是以聖人去甚，去奢，去泰。

「甚，奢，泰」：甚，過度。奢，沒有節制。泰，順心如意。聖人會保持中道，避免過度或沒有節制，也避免讓自己落入安逸而迷於享受的狀況。

■ 奢：ㄕㄜ，用錢浪費，沒有節制。
■ 泰：ㄊㄞˋ，順適如意、命運亨通。

30. 以道佐人主者，不以兵強天下。
　　其事好還。師之所處，荊棘生焉。大軍之後，必有凶年。善者果而已，不敢以取強。
　　果而勿矜，果而勿伐，果而勿驕。果而不得已，果而勿強。物壯則老，是謂不道，不道早已。

▲ 憨山解：「此承上言聖人不為已甚，故誡之不可以兵強天下也。」

以道佐人主者，不以兵強天下。

依著「道」來輔佐人君的人，是不喜用兵來強取天下的。第一個原因是由於29章所說的「天下神器，不可為也，為者敗之，執者失之」。「天下」，乃至我們用「地球」來形容。

由救世主的開示中，可以想見：各星球各有其輪值佛，由輪值佛管理該星球的神權。

救世主亦曾開示，其意如下：譬如一個星球是佛（所管理）的，財富與名都歸屬於佛，佛是不爭，如果佛要爭的話，我們爭不過。但到佛的心境，祂也不會要爭。

由此觀之，其實地球人各自分成好幾個國家，好像各自為政，甚至彼此在政治、軍事、經濟上互相較勁，但其實地球有地球的輪值佛，也有管理地球的神權。換句話說，各國相爭，是很沒有必要的。因為，我們都不是真正的管理者，真正的管理者是輪值佛。既然，各國沒有相爭的必要，那麼何須用兵強取天下呢？究其原因，一般而言多半是出於「人之私心」。不然，各自相安，為什麼要強

取天下呢？但有時也會有為了保衛國家而不得不用兵的情況。

> **解讀** 其事好還。師之所處，荊棘生焉。大軍之後，必有凶年。

「其事」，指「用兵強取天下」這件事。「好還」，指用兵之後，勢極而反。我們不要只看用兵之前軍威浩壯的樣子，也得看到用兵之後。一旦「用兵」，代表的即是犧牲或有人傷亡。所以後頭便說「師之所處，荊棘生焉」，用兵開戰後，軍隊所到之處，百姓便不易安居，一個地方，若久無人住或無人整理，當然就雜草漫生，荊刺生焉。「大軍之後，必有凶年」，戰爭之後，往往要好長一段恢復的時期，而人民、官兵的死傷，也會招感天地間不和諧的氛圍，因此用兵之後，人民生活往往不好過，所以稱作「凶年」。

> **解讀** 善者果而已，不敢以取強。果而勿矜，果而勿伐，果而勿驕。果而不得已，果而勿強。

「善者」這是指「為了保家衛國，不得已要用兵」的

情形，但這是相對於「出於私心，而用兵來強取天下」的情形來說。萬一不得已而用兵的時候，怎麼辦呢？「果而已」。

「果而已」：果，取得結果。已，停止。一旦取得結果，就停止戰爭，就不要再戰，不要再有後續不厚道的行徑。譬如昔時，有的軍隊佔了一個村城，或佔了一個國家，就開始殘掠當地、蹂踐民物，這就是不厚道的行為。「不敢以取強」這有點像是「取勝則止，見好就收，不要再仗勢欺人」的意味。縱然，戰事獲捷，對於這個結果也沒有什麼值得「矜、伐、驕」的。矜，推崇；伐，誇耀；驕，引以為傲。

戰事，本身就不是一件美善的事。前段所提的「善者」是指「為了保家衛國，不得已要用兵」的情形，這是相對於「私心用兵」的「惡」而言，但「用兵」這件事本身就算不上是一件「美善的事」。如此一來，縱然得勝，也不必去加以推崇、誇耀或引以為傲。在下一章（第31章），老子更是以「戰勝，以喪禮處之」來形容。如果，把那些因戰而亡的人當成自己的親眷，那真的是會有一種悲戚之情，怎麼可能會因此而「矜、伐、驕」呢？

「果而不得已」此句的「果」則是指「實在」，而
「不得已」三字要連起來看。「果而勿強」的「果」是指
「結果」。因此，整句就是說，實在是出於不得已而用
兵，一但取得結果，就不要再恃強而行。

解讀　物壯則老，是謂不道，不道早已。

萬事萬物的演變是這樣的：一但到達大盛之後，就
會逐漸老衰。兵若強至極點，也就是它衰消之時，這就是
「不合於道的忌盈」。既然知曉不合於道之忌盈，那麼就
要早些停止這種「取強（強至極點）」的行為。

31. 夫佳兵者，不祥之器，物或惡之，故有道者不
　　處。君子居則貴左，用兵則貴右。
　　兵者不祥之器，非君子之器，不得已而用之，恬
　　淡為上。勝而不美，而美之者，是樂殺人。
　　夫樂殺人者，則不可以得志於天下矣。吉事尚
　　左，凶事尚右。
　　偏將軍居左，上將軍居右，言以喪禮處之。殺人
　　之眾，以哀悲泣之，戰勝以喪禮處之。

▲ 憨山解：「此承上言不以兵強天下，故此甚言兵之不可尚也。」

第31章承著第30章的文義。此篇說的是「用兵」這件事，其實也不可以特別去推崇它的。

解讀　夫佳兵者，不祥之器，物或惡之，故有道者不
　　　處。君子居則貴左，用兵則貴右。
　　　兵者不祥之器，非君子之器，不得已而用之，
　　　恬淡為上。

兵，指兵器或軍隊都可以。但不論是兵器或軍隊，只要它愈精良、愈精銳，那它的殺傷力就愈強，所以稱作「不祥之器」。既然不祥，世間萬物就不喜歡與之相處。這不要說拿起刀劍來揮舞，就算是一把刀劍直接放在我們眼前，我們心裡都可能產生一種畏懼的心理。所以，有道的人不喜用之。

此外，「從位置的左右」來看，在老子的時代，認為君子所居處的地方以左為貴，用兵則以右為貴，而右屬於凶地。由這點來看，「兵」不是君子所喜用的物事。縱然

是不得已而用，也要儘量保持一種「不好樂」且「不為名利而貪用兵」的態度。（樂，此處音一ㄠˋ）

解讀　勝而不美，而美之者，是樂殺人。夫樂殺人者，則不可以得志於天下矣。

縱然用兵得勝，也不要因此視之為美。會認為「用兵是件美事」的人，就是有那種喜歡殺傷的心。這樣的人，心態是與道相違的，既然不合於天道，那麼縱然一時得到天下，也不可能長久。

而這最根本的原因，就在於「不合於道」。

解讀　吉事尚左，凶事尚右。
偏將軍居左，上將軍居右，言以喪禮處之。殺人眾多，以悲哀泣之，戰勝以喪禮處之。

「吉事尚左，凶事尚右」：這裡又再次用了「左右」之「吉凶」來做為判定。上將軍，是「司殺」較重的。而上將軍站在「代表凶而不祥的右方」，這就是說我們應該以舉辦喪禮的心情來看來「用兵」。由於用兵傷人者多，

209

亦侵擾了天地，這是一件讓人感到悲哀乃至哭泣的事。所以戰勝時，也還是用舉辦喪禮的心情來看待。

　　第30和31章講的固然都是「用兵、戰爭」，但其實也可泛指世間一切對立或鬥爭。譬如吵架，不論是家人、朋友……縱然爭勝了，又如何呢？不是彼此鬧不和嗎？這不是一件值得開心的事。爭吵尚且如此，何況是影響範圍更大的戰爭。

32. 道常無名。
　　樸雖小，天下莫敢臣。侯王若能守之，萬物將自賓。天地相合，以降甘露，民莫之令而自均。
　　始制有名，名亦既有，夫亦將知止，知止所以不殆。譬道之在天下，猶川谷之與江海。

　▲　憨山解：「此承上章不以兵強天下，因言人主當守道無為，則萬物賓而四海服，天地合而人民和，自然利濟無窮也。」

　　前兩章談過了戰爭不是一件值得為人喜慶的事情。第

32章則回過頭來勸在上位者要以「合乎宇宙軌則」的方式
來治理。

解讀

「道常無名。」，道是難以指稱的。

「樸雖小，天下莫敢臣。」這與第14章「復歸於
樸。樸散則為器，聖人用之，則為官長，故大制不割。」
相呼應。「樸雖小」指「樸質之道」為一般人所忽略。
小，在此除了「渺小」之義，應可解作「忽略」。那麼，
這個被人所忽略的「道」，實則上是天下都不敢以之為臣
的。這意思就是：「道」才是萬物運行的主軸。

「侯王若能守之，萬物將自賓。」侯王，指執政者。
侯王如果能守正道而行，萬物自然而然賓服。但這裡要留
意的是：萬物真正賓服的是「道」，而不是賓服於侯王。
因為侯王「守道而無為」。

「天地相合，以降甘露，民莫之令而自均。」由於侯
王守道，萬物自賓。因此，天地之氣呈顯出一種和合祥瑞
的氛圍，而天降甘露，對於人民不刻意施以官府政令，人

民也能自己調理得當。當然，這樣無為而治的狀態是很美好的。

「始制有名，名亦既有，夫亦將知止，知止所以不殆。譬道之在天下，猶川谷之與江海。」前頭說到「樸散為器」，這個無名無形無相之道作用於森羅萬象之後，我們感受到它的存在。雖然「道」產生我們可觀察的作用，產生可指稱的「名」，但我們要「知止」。也就是說，不要讓它愈演化愈流於細流枝末。

若把這個概念用於「治理國政」也是強調「先把自己做好、把自己的主軸、根本、心態、理念掌握好」，不論是「知止」或「猶川谷之與江海」都是如此。像「谷與海」並沒有特別做什麼，它們就是把位置站好，處下，「川與江」自然流入「谷與海」當中。執政者也是如此，立基點就是「合乎道」，依著這個立基點去執行此生任務，自然就有這個「道的力量」相助，如此就會順遂許多。

33. 知人者智，自知者明。勝人者有力，自勝者強。
　　知足者富。強行者有志。不失其所者久。死而不

亡者壽。

▲ 憨山解：「此因上言侯王當守道無為，故此教
以守之之要也。」

解讀　知人者智，自知者明。勝人者有力，自勝者
強。

善於知人的，是聰明的；但能自知的，這是有智慧
的。能夠取勝於人的，可以稱他有力氣、能力，但能夠自
己勝過自己的，才稱他為強者。

我們一般人，眼睛都是往外看，當然能夠向外看得清
楚，這也未嘗不好，但我們往往看到別人的缺點或不足。
然而，若能向內省察，具有內省的功夫，這不但是一種智
慧，而且也是一種勇氣。要「發現」自己的缺點和不足，
這已經不是一件容易的事，而要「承認」自己的缺點和不
足，這真的需要「面對真實自我的勇氣」。

而戰勝別人，其實也並不容易，能勝過他人，當然也
是很厲害的，必然也有其值得學習的地方，但這只能稱作有

能力。但是，要戰勝自己的習氣毛病卻不是一件簡單的事。

《佛說四十二章經》：「佛言。夫為道者。譬如一人與萬人戰。挂鎧出門。意或怯弱。或半路而退。或格鬥而死。或得勝而還。沙門學道。應當堅持其心。精進勇銳。不畏前境。破滅眾魔。而得道果。」

「為道」，也就是「行道」。據老子所述：上古太古的人冥合於道，但愈流愈下。對於我們而言，要合乎這個道，有時還得「用心勉力」為之，因為我們「離道」離得太遠了，也就是說我們的習氣毛病太重了。所以，《佛說四十二章經》說我們在行道，就好像一個人在與萬人戰，那這裡的「萬人」指向「自己內心的諸多妄想雜念」。

您們看，我們的妄想雜念這麼多，要完全「合道」並不容易，光要改掉一個習氣，或要扭轉一個執念，都得下許多工夫。像筆者雖然有因緣整理這些資料，但都感到很慚愧，內心裡其實是五味雜陳，一方面感恩有這個因緣，但另一方面心裡是難過的。難過的點在於：裡面的觀念，筆者只處於字義上粗略地認識、然後粗淺地加以白話解釋，但其實很多我都沒做到。要打從心底扭轉一個觀念或

認知，乃至隨之而來的習氣毛病，沒有那樣簡單。

釋迦牟尼佛對此描繪地多麼精準：「譬如一人與萬人戰」。在習氣毛病前，不是勝，就是敗。況且此次勝了，下回呢？又難說的很。對於自己的習氣和毛病，若能常勝不敗，那真的可以稱為是一位「強者」了。

解讀 知足者富。強行者有志。不失其所者久。死而
不亡者壽。

「知足者富」：知足的人，當然就往往覺得自己是富有的。這個富有，不一定是指財富，而是心靈上的滿足。

★ 救世主開示：

「夠用就好。」

「知足，惜福，感恩，就能得到快樂，幸福，法喜。慾望太多，才會內心無法寂靜，不穩定。
源自心靈深處的苦？

> 其實，事情沒有絕對的好或不好，端看事情的人
> 的心境，往好的想，就往正能量的方向走，往
> 壞處想，就往負能量的方向走，端看個人的選
> 擇。」

「強行者有志」能自強不息的人，可以稱他是有志
向、有願力的。

「不失其所者久」：「流離失所」形容到處流浪，
沒個可以安住的地方。什麼叫作「不失其所」？表面意義
是「定居一處」。聽說古時有些修行人就蝸居在一個小山
洞裡，有的洞穴甚至沒辦法讓人直立，但他們的心是安定
的，縱然是這樣的小山洞，他們也是安於該處修行。也就
是說，心是定的，且所居之處也是安定的，這樣也可以稱
為「久」。雖然，我們覺得他們久居一處，但在這些修行
人裡，可能「不認為久」。至於，老子所指稱的「不失其
所者久」，如果要解得深一些，又將是什麼意思呢？我們
可以用「制心一處」來說明。我們的心能夠安住，不會隨
著外在的景象、內在的思緒而妄動，這樣就容易安住於一

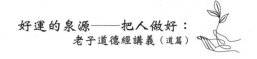

個平和穩定的狀態。

「**死而不亡者壽**」雖然身死，而真性依然留存，我們稱這為「壽」。有一些修行修到一定程度的人，他們在某種程度上可以自主生死。身死了之後，若要去轉世，則又比我們多了一份「選擇權」。而我們一般人，身死之後，真性自性依然不滅，但我們一般人則少了一份選擇權，往往就依著業力去投生了。

■ 總括來說，本章要義則在「守道」，而其方法在於「自知、勝己、自強不息、制心一處、回歸真常之性。」

34. 大道汎兮，其可左右。
萬物恃之以生而不辭，功成不名有。愛養萬物而不為主。常無欲，可名於小；萬物歸焉，而不為主，可名為大。是以聖人終不為大，故能成其大。

▲ 憨山解：「此言道大無方，聖人心與道合，故功大無外，以實前侯王能守之效也。」

解讀 大道汎兮，其可左右。

　　大道是廣闊而無所不包、沒有邊際的，而其功用、應用無所不至。

★ 救世主開示「道指規律，宇宙運行的規律，順道走，順天者昌，逆道走，逆天者亡。」

　　道，既然是宇宙運行的規律，則遍行於一切。差別只在各星球的維度不同，而所合用的法規不同。法規，或許可以理解為條文。但宇宙運行的法則是一樣的。

■ 汎：ㄈㄢˋ，亦寫作氾，廣博、普遍。
　　《莊子‧天下》：「墨子氾愛兼利而非鬥，其道不怒。」

解讀 萬物恃之以生而不辭，功成不名有。愛養萬物而不為主。常無欲，可名於小；萬物歸焉，而

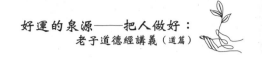

不為主，可名為大。是以聖人終不為大，故能成其大。

這些理念，前頭其實都已經提及了。所以，有時真理「很簡單」，這個「很簡單」不是輕看的意思，而是說「真理，不複雜」，因為「大道至簡」嘛。而上頭說的這段，若引用救世主開示的**「不邀功」**，一句話，就明瞭了。不過，我們還是試著解讀一下。

萬物依著宇宙規則而生，這個「道」並不會對萬物有所偏頗。生成了萬物之後，也不會萬物視為己有。長養萬物，也不會想要宰制萬物。它就這麼自自然然地運行著，幾乎讓我們感覺不到道的存在，所以看似也很渺小。而若就著「萬物都得依著這個宇宙規則來運作，而它又沒有想控制萬物」這點來說，「道」是相當宏大的。所以，聖人全然沒有「想要擁有、控制萬物」的心念，所以成就聖人的「值得敬佩的德行」。

■ 本章要義：不邀功

35. 執大象，天下往。往而不害，安平泰。樂與餌，
過客止。
道之出口，淡乎其無味，視之不足見，聽之不足
聞，用之不可既。

▲ 憨山解：「此明前章未盡之意也。」

解讀　執大象，天下往。往而不害，安平泰。

「大象」此指「無象／無相」。憨山法師解「大象無
形，而能入眾形，有者無不歸」。猶如流水，無定型，故
可隨方就圓，故或可稱「無我」。若能以「無象」應世，
則應用於天下，則天下沒有不歸從的。也因為「無我」，
所以能真正站在對方的立場想，這樣到哪裡，人們多半都
會歡迎他，這樣就能呈顯安祥、和平、和樂的景象。

解讀　樂與餌，過客止。道之出口，淡乎其無味，視
之不足見，聽之不足聞，用之不可既。

接下來用「樂」與「餌」來形容「世欲不久長」，而
藉由世欲不能長久，以此對比出「道雖恬淡無味，但能長

220

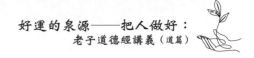

久。」

「樂與餌，過客止」音樂與美食，也許能一時吸引住過路的人，但也只是一時之用罷了。一首音樂再好聽，連續放一天讓我們聽，我們就受不了。美食再好吃，讓我們一吃再吃，恐怕很快就覺得味膩。而此處是個譬喻，告訴我們這些世間的欲望、享樂，在修道人的眼中，可能就不足一觀。但在我們眼裡，我們還是很受這些影響。然而，老子提醒我們：音樂也好，美食也好，吸引人，也只是一時，而「道的作用」不是如此。

「道」雖然恬淡無味、無色、無聲，但「道的運行」卻是持續而沒有窮盡的。

36. 將欲歙之，必固張之；將欲弱之，必固強之；
    將欲廢之，必固興之；將欲奪之，必固與之。
    是謂微明。柔弱勝剛強。
    魚不可脫於淵，國之利器不可以示人。

▲ 憨山解：「此物勢之自然，而人不能察，教人

當以柔弱自處也。」

解讀 將欲歙之，必固張之；將欲弱之，必固強之；
將欲廢之，必固興之；將欲奪之，必固與之。
是謂微明。柔弱勝剛強。

譬如想要吸入空氣，得先張口，或鼻翼擴張。而要
減弱之前，必然會從強極開始。要衰廢之前，會從興盛開
始。有什麼可奪的，必然是有什麼先給了他。……這些都
是從微細之徵兆，而預見事物的發展。為什麼能如此，因
為這些是自然的走向、形勢。

「是謂微明」這有點「見微知著」的意味在裡頭。也
就是透過一些微細的徵兆，看見了事態即將發展的走向。

「柔弱勝剛強」，這也是自然的形勢，譬如有時會用
「舌頭和牙齒」來形容，說是人到老時，堅硬的牙齒可能
脫落了，但柔軟的舌頭還在。但若用在相處上，救世主曾
開示：「不要硬碰硬」。比如一個人在發脾氣，你也跟他
發脾氣，兩個人很容易就吵了起來，甚至大打出手。

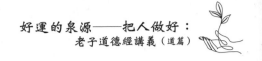

解讀　魚不可脫於淵，國之利器不可以示人。

淵，是魚賴以為生之處。魚不可脫於淵，比喻「不可脫於道」，順道則生，逆道則亡。至於，什麼是「國之利器」？第30章說**「不以兵強天下」**，第31章則說**「夫佳兵者，不祥之器」**，所以，國之利器不會是指兵。

那麼會是本章「柔弱勝剛強」的「柔弱」嗎？如果把「柔弱勝剛強」與「不要硬碰硬」作連結，那麼「國之利器」可以說是「柔弱」。但「柔弱」這個詞可能會引發一些誤解，因此用「柔順」這個詞會比較貼切一些。順著什麼呢？即「順行於宇宙運行之道」。

也就是救世主所開示的「民不與官鬥，官不與神鬥，神不與天鬥」。因此，「以柔和之姿，謙卑著順著正道而行」，這才是真正的「國之利器」。而前頭也一再提及「道」是無形無象，如此順著此義解讀，當然無法把這無形無象的「國之利器」拿出來示人。

■ 將欲「歙」之，必固張之：歙，吸入。
■ 國之利器：指「柔順於道而行」

37. 道常無為而無不為。

　　侯王若能守之，萬物將自化。

　　化而欲作，吾將鎮之以無名之樸。

　　無名之樸，亦將無欲。不欲以靜，天下將自定。

　▲ 憨山解：「此教人君乘流救弊之意也。」

　　這是《道德經》上篇的最後一章。一樣我們試著來解讀一下。

解讀　道常無為而無不為。

　　道，經常是無為，但又無所不為的。「無為」表示「不刻意」或著「沒有一個我在做什麼的念頭」。譬如「春風化雨，草木生焉」，春雨來後，草木受到滋潤，就又開始生長萌發。但對於春雨而言，它並沒有說「我要開始降雨囉，我要開始滋潤草木囉，你們要準備生長囉。」它沒有這樣的念想，就是「順著自然之勢」而已，一切自自然然，而「道」在運行，也有它的軌則、規律，但一切自自然然。

　　談到「一切都是自自然然」，筆者想到「任運」這個詞。其實，「任運」的意思，即是「一切自自然然」。有時候，古代的語彙放來今日來看，我們不易理解，鼓勵講解的人在解讀上，儘量用現代人可理解的語境來說明。有時一句話就可理解的道理，先簡單能讓人理解就好。其後若有因緣要深入解析，那時再加以解析。唐代有一位詩人名叫白居易，他每作一詩，讀給一位老婦人聽，如果老婦人能夠了解，才算完稿，否則就再加以修改。這就是成語「老嫗能解」的由來。

　　既然《道德經》是在講做人的道理。如果講得讓人聽不懂，高深玄奧地不得了，那人們要怎麼依著去行？所以，儘量要讓人能聽得懂才好。不單單是《道德經》，其它本子也是一樣。

　　而「任運」，就是「一切自自然然」。道－宇宙運行的規律，這個規律是自自然然，是「無為」的。雖然它「無為」，但卻能運行於宇宙而無所不至，這就是「而無不為」。

　　解讀　侯王若能守之，萬物將自化。

侯王，要把它解釋成「執政者／在位者／君王」乃至於「家長／老師……」都可以，而若要用「修行或做人的道理」的立場來解也可以。不妨，兩種解法，我們都來看看。

執政者若能「安守於道」，那麼國家政事、萬事萬物自然調理得宜。「安守於道」指的就是「順著正道而行」。道，既然是運行的主軸，是規律。當然，我們掌握住重點主軸之後，再來行事，將會比較「順風順水」地多。就像火車與軌道配合，火車在軌道上，順著軌道走，很好走。若把火車放在大馬路上，它將要怎麼行駛呢？但若在軌道上行駛，就能夠順利地把乘客送至他們所要去的車站。侯王行事也是如此。

若以「修行或做人的道理」來看這句，也是解得通的。有一個詞稱作「心君」，這個心不是指我們的心臟，比較近於「身、口、意」的「意」，古人認為心為一身的主宰，故稱心為「心君」。而佛門又有「心意識」之說，那個部分筆者還不甚了解，就略過不提。總之，這個「心意／念頭／想法／觀念／思維……」影響著我們的行為、言語。而我們的「心」如果也能「安守於道」，那麼我們

的言行舉行，乃至於生活處事，就會在一個冥合於「道」
的軌道上，這樣就會順遂地多，這也是「萬物將自化」的
一種詮釋，也就是自己的生活上了軌道了，找到生活的節
奏步調，這個步調是有規律的，而且是「冥合於道」的。
像早時聽過「日出而作，日落而息」其實這也是一種規
律，但現代電燈方便之後，大家就比較難以按照日起日落
而作息了。

> 解讀　化而欲作，吾將鎮之以無名之樸。無名之樸，
> 亦將無欲。不欲以靜，天下將自定。

　　這一段，整段連著一起看，文氣會比較順。這段可以
看作是一個提醒。提醒我們「動時，仍然安守於道」。

　　「化而欲作」，就是「開始運作起來了、開始動起
來了」譬如，一個人安坐在那，默然觀心，可能他的心是
相對寂靜的。但他張開眼，起了身，走到街上悠轉之後，
眼睛看見外在景觀，而又映到心裡去，行道，這時的心，
往往就會隨著外在的景觀而轉動。看到南港公園，可能心
想：「真好呀，有這麼棒的地方可以走動。」又或者在街
上看到個餐廳招牌，便又心想：「待會買點好吃的東西回

家吃。」就這樣，隨著景觀的變化，心念也不斷不斷地轉動。轉到後來，那個「安坐時，內心寂靜的狀態」就不能保持了。「化而欲作」，有點這樣的意味在裡面。

國政也是如此，侯王守道，萬物自化，人民百工運作起來之後，慢慢地，有可能就偏離了原本的「道」。

宗教，也是如此，原本就是這些悟道的人、覺悟的人，來傳達真理、宇宙的真相給我們。一開始很單純，就是真理的傳遞，而在人們運作之後，宗教產生了，門派產生了，很多的儀式產生了……。那麼，覺悟者要傳達給我們的「真理／宇宙真相／本來面貌／如實知見／真實相／大道……」跑哪兒去了呢？可能就隱沒了。

因此，老子說「吾將鎮之以無名之樸」，這是一個提醒。鎮，字面上有人會解作「壓」，當然這樣解也是可以，但若能解作「穩」會更貼切。譬如寫書法時，用「文鎮」，它能「鎮住」宣紙，讓宣紙不捲曲，也不被風吹動，因而便於書寫。所以，它「穩住」這張宣紙，也「穩住了」書寫者的心，讓書寫者不會因紙的不平整而心生擾動。而此處亦然，萬物百工動起來之後，可能漸漸產生

「不符合宇宙規律的情形」。這時怎麼因應呢？「鎮之以
無名之樸」。

　　無名之樸，先前第32章說過了，**「道常無名。樸雖
小，天下莫敢臣，侯王若能守之，萬物將自賓。……」**所
以，道在人間運行，乃至萬物百工運作後，執政者仍需留
意「要依著正道穩住這些在人間的運作」，這樣才不致於
愈演化愈偏離於「道的運行」。「順天者昌」，順著宇宙
規律來運行，自然能夠長久，但若倒行逆施，偏離了宇宙
規律，那就會朝向敗滅。因此執政者的工作，就是：一開
始的「內聖外王，無為而治」，到後來「萬物自化」之
後，「鎮之以無名之樸」，掌穩舵，握好方向盤，協助萬
物百工仍然「依道而行」，而不因為演化／演進／演變，
而偏離了宇宙規律，如此才有助於地球的永續經營。

　　而「無名之樸」、「無欲」、「靜」都是相關聯的，
也都是在「提醒我們要相應於道」，意思還是「順著天
道運行」，天下將自定。舉例來說，譬如一個人能「知
足」，凡事夠用就好，他也不會要去特別或刻意要追求什
麼，這樣的心靈就是富足的，就會過得喜悅、自在。所
以，「無欲」自然就容易「心靜」，心靜久了，就是一種

「定」，安定祥和。所以，上面說的**「天下將自定」**就是如此，依著宇宙規律而行，各安其位，各司其職，大家都有一個共同的目標：「讓地球好，讓他人好，讓大家都好。」大家都沒有要特意去爭什麼，比較什麼，互相尊重，這是一個很美好的狀態。

◎按：

2022年9月19日對此書進行二校稿的過程中，有所感觸：「太神奇了，麻霖今天再校《好運的泉源》，感覺：這是當時整理的嗎？果然是新宇宙神權冥冥中的開示。」

救世主見此感觸後，表示：「哈哈，☺……」

感恩 救世主，感恩新宇宙神權開示

感恩 叩謝

附錄《道德經》德篇

38. 上德不德，是以有德；下德不失德，是以無德。上德無為而無以為；下德為之而有以為。上仁為之而無以為；上義為之而有以為。上禮為之而莫之應，則攘臂而扔之。故失道而後德，失德而後仁，失仁而後義，失義而後禮。夫禮者，忠信之薄，而亂之首。前識者，道之華，而愚之始。是以大丈夫處其厚，不居其薄；處其實，不居其華。故去彼取此。

39. 昔之得一者：
天得一以清；地得一以寧；神得一以靈；谷得一以盈；萬物得一以生；侯王得一以為天下貞。
其致之，天無以清，將恐裂；地無以寧，將恐發；
神無以靈，將恐歇；谷無以盈，將恐竭；萬物無以生，將恐滅；侯王無以貴高將恐蹶。
故貴以賤為本，高以下為基。是以侯王自稱孤、

寡、不穀。

此非以賤為本耶？非乎？故致數譽無譽。不欲琭
琭如玉，珞珞如石。

40. 反者道之動；弱者道之用。天下萬物生於有，有
生於無。

41. 上士聞道，勤而行之；中士聞道，若存若亡；
下士聞道，大笑之。不笑不足以為道。
故建言有之：明道若昧；進道若退；夷道若纇；
上德若谷；太白若辱；廣德若不足；建德若偷；
質真若渝；大方無隅；大器晚成；大音希聲；大
象無形；道隱無名。
夫唯道，善貸且成。

42. 道生一，一生二，二生三，三生萬物。萬物負陰
而抱陽，沖氣以為和。
人之所惡，唯孤、寡、不穀，而王公以為稱。
故物或損之而益，或益之而損。人之所教，我亦
教之。強梁者不得其死，吾將以為教父。

43. 天下之至柔，馳騁天下之至堅。
無有入無間，吾是以知無為之有益。不言之教，
無為之益，天下希及之。

44. 名與身孰親？身與貨孰多？得與亡孰病？是故甚
愛必大費；多藏必厚亡。
知足不辱，知止不殆，可以長久。

45. 大成若缺，其用不弊。大盈若沖，其用不窮。
大直若屈，大巧若拙，大辯若訥。
躁勝寒靜勝熱。清靜為天下正。

46. 天下有道，卻走馬以糞。天下無道，戎馬生於
郊。
禍莫大於不知足；咎莫大於欲得。故知足之足，
常足矣。

47. 不出戶知天下；不闚牖見天道。其出彌遠，其知
彌少。是以聖人不行而知，不見而名，不為而
成。

48. 為學日益，為道日損。損之又損，以至於無為。
無為而無不為。取天下常以無事，及其有事，不
足以取天下。

49. 聖人無常心，以百姓心為心。
善者，吾善之；不善者，吾亦善之；德善。信
者，吾信之；不信者，吾亦信之；德信。
聖人在天下，歙歙為天下渾其心，百姓皆注其耳
目，聖人皆孩之。

50. 出生入死。
生之徒，十有三；死之徒，十有三；人之生，動
之死地，十有三。夫何故？以其生，生之厚。
蓋聞善攝生者，陸行不遇兕虎，入軍不被甲兵；
兕無所投其角，虎無所措其爪，兵無所容其刃。
夫何故？以其無死地。

51. 道生之，德畜之，物形之，勢成之。是以萬物莫
不尊道而貴德。
道之尊，德之貴，夫莫之命常自然。
故道生之，德畜之；長之育之；亭之毒之；養之

覆之。生而不有，為而不恃，長而不宰，是謂玄德。

52. 天下有始，以為天下母。
既得其母，以知其子，既知其子，復守其母，沒身不殆。
塞其兌，閉其門，終身不勤。開其兌，濟其事，終身不救。
見小曰明，守柔曰強。用其光，復歸其明，無遺身殃；是為習常。

53. 使我介然有知，行於大道，唯施是畏。
大道甚夷，而民好徑。朝甚除，田甚蕪，倉甚虛；服文綵，帶利劍，厭飲食，財貨有餘；是謂盜夸。非道也哉！

54. 善建不拔，善抱者不脫，子孫以祭祀不輟。修之於身，其德乃真；修之於家，其德乃餘；修之於鄉，其德乃長；修之於國，其德乃豐；修之於天下，其德乃普。
故以身觀身，以家觀家，以鄉觀鄉，以國觀國，

以天下觀天下。吾何以知天下然哉？以此。

55. 含德之厚，比於赤子。蜂蠆虺蛇不螫，猛獸不
據，攫鳥不搏。骨弱筋柔而握固。未知牝牡之合
而全作，精之至也。
終日號而不嗄，和之至也。知和曰常，知常曰
明，益生曰祥。心使氣曰強。物壯則老，謂之不
道，不道早已。

56. 知者不言，言者不知。
塞其兌，閉其門，挫其銳，解其分，和其光，同
其塵，是謂玄同。故不可得而親，不可得而疏；
不可得而利，不可得而害；不可得而貴，不可得
而賤。故為天下貴。

57. 以正治國，以奇用兵，以無事取天下。吾何以知
其然哉？以此：天下多忌諱，而民彌貧；
民多利器，國家滋昏；人多伎巧，奇物滋起；法
令滋彰，盜賊多有。故聖人云：我無為，而民自
化；我好靜，而民自正；
我無事，而民自富；我無欲，而民自樸。

58. 其政悶悶，其民淳淳；其政察察，其民缺缺。
禍兮福之所倚，福兮禍之所伏。孰知其極？其無
正。正復為奇，善復為妖。人之迷，其日固久。
是以聖人方而不割，廉而不劌，直而不肆，光而
不燿。

59. 治人事天莫若嗇。夫唯嗇，是謂早服；早服謂之
重積德；重積德則無不克；無不克則莫知其極；
莫知其極，可以有國；有國之母，可以長久；
是謂深根固柢，長生久視之道。

60. 治大國若烹小鮮。
以道蒞天下，其鬼不神；非其鬼不神，其神不傷
人；
非其神不傷人，聖人亦不傷人。夫兩不相傷，故
德交歸焉。

61. 大國者下流，天下之交，天下之牝。牝常以靜勝
牡，以靜為下。
故大國以下小國，則取小國；小國以下大國，則
取大國。故或下以取，或下而取。

大國不過欲兼畜人，小國不過欲入事人。夫兩者各得其所欲，大者宜為下。

62. 道者萬物之奧。

善人之寶，不善人之所保。美言可以市，尊行可以加人。人之不善，何棄之有？

故立天子，置三公，雖有拱璧以先駟馬，不如坐進此道。古之所以貴此道者何？

不曰：以求得，有罪以免耶？故為天下貴。

63. 為無為，事無事，味無味。

大小多少，報怨以德。圖難於其易，為大於其細；天下難事，必作於易，天下大事，必作於細。

是以聖人終不為大，故能成其大。

夫輕諾必寡信，多易必多難。是以聖人猶難之，故終無難矣。

64. 其安易持，其未兆易謀。其脆易泮，其微易散。為之於未有，治之於未亂。

合抱之木，生於毫末；九層之臺，起於累土；千

里之行，始於足下。為者敗之，執者失之。

是以聖人無為故無敗；無執故無失。

民之從事，常於幾成而敗之。慎終如始，則無敗
事，是以聖人欲不欲，不貴難得之貨；

學不學，復眾人之所過，以輔萬物之自然，而不
敢為。

65. 古之善為道者，非以明民，將以愚之。民之難
治，以其智多。故以智治國，國之賊；不以智治
國，國之福。知此兩者亦稽式。

常知稽式，是謂玄德。玄德深矣，遠矣，與物反
矣，然後乃至大順。

66. 江海所以能為百谷王者，以其善下之，故能為百
谷王。是以聖人欲上民，必以言下之；欲先民，
必以身後之。是以聖人處上而民不重，處前而民
不害。

是以天下樂推而不厭。以其不爭，故天下莫能與
之爭。

67. 天下皆謂我道大，似不肖。

夫唯大，故似不肖。若肖久矣。其細也夫！

我有三寶，持而保之。一曰慈，二曰儉，三曰不敢為天下先。慈故能勇；儉故能廣；不敢為天下先，故能成器長

今舍慈且勇；舍儉且廣；舍後且先；死矣！

夫慈以戰則勝，以守則固。天將救之，以慈衛之。

68. 善為士者，不武；善戰者，不怒；

善勝敵者，不與；善用人者，為之下。

是謂不爭之德，是謂用人之力，是謂配天古之極。

69. 用兵有言：吾不敢為主，而為客；不敢進寸，而退尺。是謂行無行；攘無臂；扔無敵；執無兵。禍莫大於輕敵，輕敵幾喪吾寶。故抗兵相加，哀者勝矣。

70. 吾言甚易知，甚易行。天下莫能知，莫能行。言有宗，事有君。

夫唯無知，是以不我知。知我者希，則我者貴。
是以聖人被褐懷玉。

71. 知不知上；不知知病。夫唯病病，是以不病。不
病，以其病病，是以不病。

72. 民不畏威，則大威至。
無狎其所居，無厭其所生。夫唯不厭，是以不
厭。是以聖人自知不自見；自愛不自貴。故去彼
取此。

73. 勇於敢則殺，勇於不敢則活。此兩者，或利或
害。天之所惡，孰知其故？是以聖人猶難之。
天之道，不爭而善勝，不言而善應，不召而自
來，繟然而善謀。天網恢恢，疏而不失。

74. 民不畏死，奈何以死懼之？
若使民常畏死，而為奇者，吾得執而殺之，孰
敢？常有司殺者殺。夫司殺者，是大匠斲；夫代
大匠斲者，希有不傷其手矣。

75. 民之飢，以其上食稅之多，是以飢。民之難治，以其上之有為，是以難治。民之輕死，以其求生之厚，是以輕死。夫唯無以生為者，是賢於貴生。

76. 人之生也柔弱，其死也堅強。
萬物草木之生也柔脆，其死也枯槁故堅強者死之徒，柔弱者生之徒。
是以兵強則不勝，木強則共。強大處下，柔弱處上。

77. 天之道，其猶張弓與？
高者抑之，下者舉之；有餘者損之，不足者補之。天之道，損有餘而補不足。
人之道，則不然，損不足以奉有餘。孰能有餘以奉天下，唯有道者。
是以聖人為而不恃，功成而不處，其不欲見賢。

78. 天下莫柔弱於水，而攻堅強者莫之能勝，其無以易之。弱之勝強，柔之勝剛，天下莫不知，莫能行。

是以聖人云：受國之垢，是謂社稷主；受國不
祥，是謂天下王。正言若反。

79. 和大怨，必有餘怨；安可以為善？
是以聖人執左契，而不責於人。有德司契，無德
司徹。天道無親，常與善人。

80. 小國寡民。使有什伯之器而不用；使民重死而不
遠徙。雖有舟輿，無所乘之，雖有甲兵，無所陳
之。
使民復結繩而用之，甘其食，美其服，安其居，
樂其俗。鄰國相望，雞犬之聲相聞，民至老死，
不相往來。

81. 信言不美，美言不信。善者不辯，辯者不善。知
者不博，博者不知。
聖人不積，既以為人己愈有，既以與人己愈多。
天之道，利而不害；聖人之道，為而不爭。

國家圖書館出版品預行編目資料

好運的泉源──把人做好：老子道德經講義（道篇）／雲深法明（俗家名王麻霖）著. --初版.-- 臺中市：白象文化事業有限公司，2022.11
　　面；　公分
ISBN 978-626-7151-77-8（平裝）
1.CST：道德經 2.CST：注釋
121.311　　　　　　　　　　111010486

好運的泉源──把人做好：
老子道德經講義（道篇）

作　　　者　雲深法明（俗家名王麻霖）
校　　　對　雲深法明（俗家名王麻霖）
發 行 人　張輝潭
出版發行　白象文化事業有限公司
　　　　　　412台中市大里區科技路1號8樓之2（台中軟體園區）
　　　　　　出版專線：（04）2496-5995　　傳真：（04）2496-9901
　　　　　　401台中市東區和平街228巷44號（經銷部）
　　　　　　購書專線：（04）2220-8589　　傳真：（04）2220-8505
專案主編　林榮威
出版編印　林榮威、陳逸儒、黃麗穎、水邊、陳婷婷、李婕
設計創意　張禮南、何佳諠
經紀企劃　張輝潭、徐錦淳、廖書湘
經銷推廣　李莉吟、莊博亞、劉育姍、林政泓
行銷宣傳　黃姿虹、沈若瑜
營運管理　林金郎、曾千熏
印　　　刷　基盛印刷工場
初版一刷　2022年11月
定　　　價　300元

白象文化　印書小舖　PRESSSTORE出版輕鬆　出版・經銷・宣傳・設計
www·ElephantWhite·com·tw　f 自費出版的領導者　購書 白象文化生活館